習慣を変えれば人生が変わる

マーク・レクラウ
弓場 隆［訳］

Change Your Habits Change Your Life

Discover

はじめに

自分の人生の現状について考えてみよう。具体的には、仕事、私生活、健康状態、交友関係、環境である。

あなたはそれらに満足しているだろうか？

では、自分の内面を探ってみよう。今この瞬間、あなたはどう感じているか？　自分の人生に満足しているか？　もっと何かをほしいと思っているか？　幸せになれると思っているか？　成功すると思っているか？　幸せで成功するためには何が欠けているか？　なぜ一部の人は人生全般で恵まれているのに、他の人は恵まれていないのか？

ほとんどの人は、なぜ、恵まれている人とそうでない人がいるのかを理解できない。一部の人はそれをたんに運命や偶然のせいにするが、私は「あなたの人生をつくり出しているのはあなた自身だ」と断言する。それは意識的かもしれないし、無意識的かもしれないが、いずれにしろ、運命や偶然ではない。

私が本書を書いたのは、あまりにも多くの人が人生を改善し、より幸せで、より裕福になりたいと願っているのに、それを実現するための正しい方法を知らないからだ。彼らは宝くじに当選するとか億万長者と結婚するといった奇跡をひそかに期待している。つまり、偶然の出来事によってすべてがたちどころに変わることを願っているのだ。

多くの人は人生が偶然の成り行きで展開するものだと思い込んでいる。彼らは自分がつねに人生の主導権を握ることができるとは思っていない。だから、何らかの奇跡が起こるのを待ちわびながら、今までどおりのことをし続けるのだ。

奇妙なことに、多くの人は自分が本当にしたいことを把握していない。これは私が実際に交わした会話である。

Q　もっと時間とお金があったらどうしますか？
A　それは素晴らしい。とても幸せになれますね。
Q　あなたにとって、幸せとはどのようなものを指すのですか？
A　したいことをすべてすることです。
Q　「したいことをすべてする」とは、具体的にどういうことですか？
A　そう言われると困るのですが、自分でもよくわかりません。

残念ながら、少し立ち止まって「人生で何をしたいのか？」と自分に問いかけ、答えを紙に書き、その実現のために努力すれば、実際に奇跡を起こすことができるのに、多くの人はそれをしようとしない。

私は多くのクライアントと話していて、毎日のようにそれを実感している。彼らが私のもとにやってくるのは、人生で何かを変えたいと思っているからだ。しかし、具体的に何もせず、よりよい人生を夢見ているだけである。そこで私の指示どおり、人生の主導権を握って行動を起こすと、目覚ましい成果を得る。

ここで覚えておいてほしいことが1つある。

それは、今、あなたは自分が選んだ人生を送っているということだ。なぜなら、あなたはつねに思考、信念、予想によって自分の人生を創造しているからだ。

私たちの心は非常に強い力を持っているので、心の中で思っているものを与える。まさに古来の金言にあるとおり、人間は心の中で思っているとおりの人物になるのだ。

素晴らしいことに、あなたはほしくないものではなく、ほしいものが手に入るように自分を訓練することができる。

私は25年近くにわたって成功と幸福の原理を研究してきた。今回、それを系統だったメソッドとして紹介したい。私は成功を計画的に生み出すことができると確信している。

本書の最も重要なメッセージは、幸せは自分次第だということだ。私は本書を通じて、証明済みのアドバイスとエクササイズを紹介したい。それをたえず粘り強く実行すれば、あなたの人生は大きく改善する。

幸せになるために宝くじに当選する必要はない。ふだんの生活で小さなことから始めれば、やがて成果が現れる。

新しい習慣を身につけ、目標に向かって邁進《まいしん》すれば、人生は確実に好転していく。今、あなたはそれをすることができる。アメリカの実業家ヘンリー・フォード（フォード・モーターの創業者）が「できると思おうと、できないと思おうと、どちらも正しい」と言っているとおりだ。

当然のことだが、本書を読むだけでは効果がない。人生を変えるためには行動を起こさなければならないからだ。そして、それが最も重要な部分である。（じつは、これは私が何十年間もできなかったことだ。）

本書の提案を実行して新しい習慣を身につけよう。もし興味があるなら、筆記具を持ちながら本書を一通り読んで紙にメモするといい。そして再び読んで要点を確認しよう。本書の提案をしっかり実行すれば、人生は確実に好転する。

成功哲学やコーチングの専門家は、新しい習慣を身につけるのに3週間から4週間かかるという意見で一致している。したがって、これからの3週間から4週間があなたの人生の分岐点になる。

ぜひ本書の提案を試してほしい。

少なくとも3週間は継続する必要がある。自分にとって簡単そうな習慣から実行しよう。もし役に立たなかったなら、私にクレームを言ってほしい。

メールアドレスは次のとおりである。marc@marcreklau.com

マーク・レクラウ

contents

Part 1

基礎固めをする

Part 2

成功への道筋をつくる

Part 3

人生の目的と目標を見つけだす

Part 4 時間を管理する

Part 5 自尊心を高める

Part 6

心と身体を大切にする

Part 7

行動を起こす

30 DAYS

by Marc Reklau

Part 1

基礎固め
をする

1 自分のストーリーを書き換える

この考え方を知ったのは、今から20年以上も前のことだ。

それによると、あなたは自分のストーリーの脚本家で、監督で、主演俳優だという。だから、もしそのストーリーが気に入らないなら、思い切ってそれを変えればいいのだ。

当時、こんな考え方は気休めにすぎないと思ったが、実際に試したところ、それ以来、いいときも悪いときも私の信条になった。過去に起こったことは関係ない。あなたの未来は真っ白なキャンバスなのだ。**あなたは自分自身をつくり変えることができる。毎日が新しい人生を送る機会をもたらすのだ。**

あなたはどの瞬間でも自分のアイデンティティを選ぶことができる。

では、どんな人物になり、どんなことをしたいだろうか？

それを決めるのは、あなた自身だ。

本書の提案を実行に移し、新しい習慣を確立し、エクササイズを実行したら、人生は変わり始める。それは簡単ではないから、規律と辛抱強さと粘り強さを必要とするが、やがて成果が現れる。

2008年、FCバルセロナの監督に就任したジョゼップ・グアルディオラは、低迷するチームの指揮を執るにあたり、スタジアムに集まった7万3000人の聴衆と数百万人の視聴者に向かって「タイトルを獲得できるとは約束できないが、努力を積み重ねて粘り強く戦うことは約束できる。気を引き締めながら、一緒に楽しもう」と宣言した。

このスピーチがきっかけとなり、FCバルセロナは115年におよぶクラブの歴史で最も輝かしい時代を築くことになった。すなわち、ナショナルチャンピオンシップ3回、ナショナルカップ2回、スペインスーパーカップ3回、ヨーロッパスーパーカップ2回、チャンピオンズリーグ2回、ワールドクラブ選手権2回と、4年間にわたり世界のサッカー界の頂点を極めたのだ。

そう、彼らは自分のストーリーを書き換えたのである。

今度はあなたの番だ。

努力を積み重ねて粘り強く戦おう。途中であきらめてはいけない。気を引き締めながら楽しもう。

2 自制心と意志力を身につける

あなたの成功と幸福は、自制心と意志力に大きく左右される。

この2つの資質は、自分がすると言ったことをやり遂げ、状況が不利なときでも目標に向かって邁進するうえで決定的な要因となる。

自制心と意志力があれば、人生で大きなことを成し遂げることができる。しかし、たとえこの2つの資質を持ち合わせていなくても、心配する必要はない。自制心と意志力は訓練次第で身につけることができるからだ。もし自制心と意志力が足りないと感じるなら、達成可能な小さい目標を設定することから始めればいい。

目標を達成したら、どんな恩恵が得られるかをイメージするのも効果的だ。たとえば、毎朝6時に散歩に行きたいのだが、なかなか起きられないなら、その習慣を身につけるとどんなに気分がよくなり、健康になれるかを想像するといい。そして、ベッドから飛び起き、服を着替えて外に出よう。自制心と意志力を身につけて初めて本書の提案は効果を発揮するということを肝に銘じてほしい。

自分がすると言ったことをやり遂げないなら、ネガティブな結果をもたらす。目標を達成できず、そのために自信を失い、自尊心が低くなるからだ。こういう事態を避けるためには、自制心と意志力を身につけて物事をしっかりやり遂げる必要がある。

Question

1 人生のどの分野で自制心と意志力が足りないと感じるか？

2 自制心と意志力を身につければ、どんな恩恵を得ることができるか？

3 その目標を達成するための第一段階は何か？

Exercise

目標を細分化し、各課題に締め切りを設定して、一つひとつをやり遂げよう。

3
習慣を変えて人生を変える

今から約2500年前、古代ギリシャの哲学者アリストテレスは「習慣が変われば、人生が変わる」と言った。

習慣を変えるうえで最も重要なのは、それに気づくことだ。アインシュタインが言っているように、同じことを繰り返して違う結果を得ようとするのは愚の骨頂である。

人生で違う結果を得たいなら、新しい習慣を確立する必要がある。努力して自分を律すれば、それは比較的簡単にできる。目標に向かって邁進《まいしん》する習慣を身につけよう。そうすれば、確実に人生で成功することができる。

改めなければならない悪い習慣には、約束の時間に遅刻する癖、大事なことを先延ばしにする癖、暴飲暴食、ジャンクフードの常食、相手が話しているのをさえぎって自分が話すことなどが含まれる。

これからの3カ月で10の健全な習慣を身につけなければいけないとすると圧倒されてしまうが、1カ月で3つの習慣を確立するとしたらどうだろうか。それらの習慣は人生を大きく好転させる原動力となり、足かせになっていた悪い習慣と入れ替わるはずだ。

大きなものである必要はない。もし10の習慣を確立するなら、それはなんだろうか？
私がクライアントにすすめている習慣を紹介しよう。

- 週に3回は運動する
- うまくいっていることに意識を向ける
- 自分の目標に取り組む
- 浜辺や森の中を散歩する
- 家族ともっと一緒に過ごす
- 野菜をもっと食べる
- 友人と会う
- 1日に30分、本を読む
- 1日に15分、1人の時間を過ごす

これを一覧表にして貼っておくといい。成果を上げたら自分に報酬を与えよう。

Exercise

今日から確立したい10の習慣を列挙しよう。

4 自分の人生に責任を持つ

あなたの人生の責任を負っているのは、ほかならぬあなた自身だ。上司、配偶者、親、友人、知人、顧客、景気、天気ではない。

自分の人生で起こることについて他人を責めるのをやめると、すべてが変わる。自分の人生に責任を持つということは、人生の主導権を握って「主役」になるということだ。あなたは「被害者」になるのではなく、主役として境遇を自らつくり出すか、少なくとも自分が状況にどのように対処するかを決定する力を得ることができる。

重要なのは、人生で何が起こるかではなく、自分がどんな心の姿勢を持つかだ。心の姿勢は自分で選ぶことができる。

もし自分の状況を他人のせいにするなら、自分の人生を好転させるためには、他人を変えなければならないという理屈になる。だが、他人を変えることはまず不可能である。

一方、もしあなたが主役なら、自分の人生の中で好きではないことを変える力を持っている。あなたは自分の思考、感情、行動をコントロールすることができる。もし結果が気に入らないなら、自分の思考、感情、行動を変えればいいのだ。

	〔被害者〕	〔主役〕
責任に対する考え方	他人や環境のせいにする	自分が責任を持つ
現状に対する姿勢	言い訳をして正当化する	たえず改善に努める
変化に対する姿勢	何も変えようとしない	率先して変化を起こす
焦点をあてる対象	問題に焦点をあてる	解決策に焦点をあてる
運に対する考え方	幸運に恵まれるように祈る	自分で幸運をつくり出す

被害者は人生でうまくいかないことをすべて他人や環境のせいにする。しかし、そんな姿勢ではいつまでたっても問題を解決することができない。

たとえば、交通事情のせいで遅刻しがちだと思い込むと、あなたはいつまでも遅刻しがちになる。これは被害者の行動パターンだ。しかし、主役になって人生の主導権を握りたいなら、早めに家を出ればいい。そうすれば、問題はすんなり解決する。

被害者意識を持っている人は、自分の人生の責任を他人になすりつけて自分を正当化する。一方、主役はつねに自分の人生に責任を持ち、過去の経験から学び、たえず改善に努め、理想を追求する。

大切なのは、あなたがどちらを選ぶかということだ。

Question

1 今、自分の人生でうまくいかないことを誰のせいにしているか？　親か、兄弟か、配偶者か、友人か、上司か、同僚か？

2 人生で起こることについて他人のせいにするのをやめたらどうなるか？

3 被害者意識を持てば、どんな恩恵が得られるか？

4 被害者として生きるのをやめて、現状を変える決意をしたらどうなるか？

Exercise

人生の主導権を握るために、この1週間で自分ができることを5つ書いてみよう。

5 不平を言うのをやめる

不平を言うことは無益な行為だし、そういう人はまったく魅力的ではない。それは被害者意識の表れだ。だから、あなたはそうであってはいけない。

不平を言うのをやめて、状況の改善に努めよう。時間がないと愚痴らず、1時間早く起きよう（第49項）。自分の体重に文句を言わず、運動を始めよう（第76項）。上司や政府、景気について不平を言うのをやめて、自分の人生に責任を持とう（第4項）。人生の不満を他人のせいにせず、自分で状況を変えることができるという事実に気づくのが早ければ早いほど、より早く夢の実現に向かって邁進することができる。

現状に不平を言うことは、それに意識を向けることになり、いやなことをますます引き寄せてしまう結果になる。あなたはこの悪循環を断ち切り、ほしいものに意識を向けなければならない（第28項）。

Exercise

不平をすべて列挙しよう。その不平で、あなたは何を成し遂げただろうか？

6 自分を不当に扱ったすべての人、とりわけ自分自身を許す

成功と幸福を手に入れるうえで、自分を不当に扱った人を許すことが重要である。なぜ自分を不当に扱った人を許す必要があるのか？

その答えは、それが自分に恩恵をもたらすからだ。あなたはそれを相手のためではなく自分のためにすべきなのである。それが正しいか間違っているかという問題ではない。

自分を不当に扱った人を許すことは、心の平和につながる。一方、怒りと恨みは莫大なエネルギーの浪費につながる。憎しみを心の中で何度も再現することは何の利益にもならない。そのために安眠できないのは誰か？　怒りに満ちているために、現在を楽しんでいないのは誰か？　あなたか相手か？

自分のために怒り、恨み、憎しみを捨てよう。

記者がダライ・ラマ14世に「中国によるチベット占領に怒りを感じるか？」と尋ねたところ、「とんでもない。私は愛をこめて中国を許している。中国に怒りを抱いても何の得にもならない。そんなことをしたところで中国政府は態度を変えないし、私は潰瘍を患いかねないから、中国の利益になるだけだ」と答えた。

自分を不当に扱った人に対するダライ・ラマ14世の姿勢を見習おう。

ここで気をつけなければならないのは、「自分を不当に扱った人を許すが、けっして忘れはしない」と思っているかぎり、あなたはその人を許していないということだ。

とりわけ自分を許そう。自分を許すことを覚えれば、他人を許すことは簡単になる。

自分を不当に扱った人たち、とりわけ自分自身を許すなら、人生に大きな変化が起こるはずだ。

Question

自分を不当に扱った人、そして自分自身を許したら、人生はどう変わるか？

Exercise

1 **自分が許していない人たちを列挙しよう。**
2 **自分について許していないことを列挙しよう。**
3 **そのリストをもとに、許すことに取り組もう。**

7 言い訳をやめる

思い切って何かをしようとすると、どんなことになるだろうか？

恐怖と疑念のために、さまざまな「できない言い訳」を思いつくのではないだろうか。

たとえば、「今はそのタイミングではない」「若すぎる」「年をとりすぎている」「それは不可能だ」「私にはできない」「お金がない」などなど。お金がある人は「時間がない」と言い訳をする。

きっとあなたは「私の場合は事情が特別だ」と言うだろう。

だが、そんなことはない。完璧なタイミングは永遠に訪れないのだから、今すぐに始めたほうがいい。そうしないと、いつまでも待つことになりかねない。ピンチはつねにチャンスなのだ。あなたは若すぎることも年をとりすぎていることもない。インターネットで検索するといい。年をとってから夢をかなえた人たちや若くして事業を立ち上げる人たちがたくさん見つかる（第97項を参照）。

お金がない？　興味深いことに、ファイナンシャルアドバイザーに相談すると、多くの人は「突然、お金が見つかった」と言う。それと同様に、「時間がない」と言っていた人たちも時間が見つかる。

それでもあなたは「いや、私の場合は本当に特別な事情があるんだ」と言い張るかもしれない。たしかに、そうやってずっと言い訳をすることもできるが、言い訳をやめて行動を起こすこともできる。

ひとつ確実に言えるのは、今までと同じことをしているかぎり、同じ結果しか得られないということだ。

Question

1　現状のままでいるために、あなたはどんな言い訳をしているか？

2　今後、言い訳をし続けるか行動を起こすか、どちらの道を歩むつもりか？

8 嫉妬と羨望を克服する

嫉妬と羨望について説明しよう。この2つの感情は、いわば醜い双子である。

まず、他人の生活やお金、外見などをうらやんでも、なんの恩恵も得られない。たとえば、他人のお金に嫉妬しても、お金が手に入るわけではないし、他人の外見に嫉妬しても、美男美女になれるわけでもない。

嫉妬と羨望を抱くと、自分がみじめな気分になるばかりである。また、不満を募らせるだけでなく、体内のストレスホルモンを増大させ、普通ならしないようなことをしてしまうおそれがある。最悪の場合、どんどん落ち込んで抑うつ状態に陥るかもしれない。心理学的には嫉妬と羨望は低い自尊心と深いかかわりがあり、精神的に不安定な人がそういう感情を抱きやすい。

では、この2つのネガティブな感情を克服するにはどうすればいいか。さらに、それを役立てるにはどうすればいいか。

1　気づく

まず、自分が嫉妬と羨望を抱いていることに気づこう。そして、それをポジティブな感情と取り換えよう。たとえば、同僚の昇進がうらやましいと感じるなら、「自分が昇進を勝ち取るにはどうすればいいか？」と考えよう。

2　受け入れる

人間だから嫉妬と羨望をときおり抱くのは自然なことだ。それは自分が何をほしがっているかを示している。しかし、他人に嫉妬や羨望を抱いても、寛容の精神は発揮できる。

3　自分を愛する

嫉妬と羨望は低い自尊心の証しである。だから、嫉妬と羨望を抱いていることに気づいたら、自尊心を高める工夫をしよう。もっと自分を好きになれば、快適な気分になり、自尊心が高まる。その結果、嫉妬と羨望を抱くことは少なくなる。

4　自分を他人と比較しない

こんな無意味な習慣を身につけてはいけない。これは不幸への特急列車だ。明確な真実を指摘しておこう。あなたよりもっとすぐれている人、もっとお金を持っている人、もっといい車に乗っている人、もっといい家に住んでいる人は必ずどこかにいる。それを受け入れて自分の人生を歩もう。

あなたが競争すべき唯一の相手は、昨日の自分である。自分の強みに意識を向けて、それをもっと伸ばそう。成功している人に嫉妬や羨望を抱くのではなく、自分の成功のために全力を尽くそう。自分が持っていないものを手に入れている人たちをうらやむのではなく、その人たちを努力目標にしよう。

複数の研究によると、嫉妬と羨望の一因としてSNSの存在があるという。他人の人生のハイライトシーンだけを見て、それを自分の人生のNGシーンと比較してしまうからだ。たとえば、フェイスブックで誰かが海外旅行に出かけて美しい浜辺でくつろいでいる様子を見ると、その人がそれまでの時間に一生懸命に働いてきたことを忘れてしまいがちである。私たちは他人が失敗しながら成功にたどり着いていることに気づかず、その人が恩恵を受けている場面だけを見て嫉妬と羨望を抱く傾向がある。

5　感謝の気持ちを持つ

他人の恵まれている点ではなく自分の恵まれている点を数えよう。おそらくこの習慣だけでも、3週間から4週間続ければ、嫉妬や羨望を克服することができるだろう。自分の恵まれている点にもっと感謝すれば、他人が持っているものにそんなに嫉妬や羨望を抱く必要はなくなるはずだ。

6　自分が誰と一緒に過ごしているかに気をつける

感情は伝染することを思い出そう。精神的に安定していて自信を持っている人たちと付き合い、自分が受けている恩恵に感謝をしている人たちと一緒に過ごそう。それと同時に、自分の境遇について愚痴を言い、他人に嫉妬と羨望を抱いている人たちとは距離を置く必要がある。他人の陰口を言って悪い波動を発信している人たちは、嫉妬と羨望を周囲に拡散しているから要注意だ。

7　他人の成功と幸福を祝福する

他人に嫉妬と羨望を抱くのではなく、他人の成功と幸福を祝福しよう。たとえば、同僚が昇進したり親友に新しい恋人ができたりしたら、その人のために心から幸せな気分に浸ろう。同僚や友人が成功したからといって、自分が失敗するわけではない。

人生を競争とみなすのをやめて他人の成功に幸せを感じるようになれば、嫉妬と羨望を克服する大きな一歩を踏み出すことができる。

9 ポジティブな思考を選ぶ

人生を改善したいなら、最初にしなければならないのは自分の思考を改善することだ。思考が現実をつくり出しているから、それをコントロールしなければならない。自分の思考をコントロールすることによって、あなたは究極的に人生の主導権を握ることができる。だからたえず自分の思考を注意深く観察しよう。

平和運動家ピース・ピルグリムの「思考がどんな強い力を持っているかに気づいたら、ネガティブな思考を絶対にしなくなるはずだ」という名言がすべてを言い尽くしている。ネガティブな思考をしてはいけない。ネガティブな思考が浮かぶたびに、「必ずうまくいく」というポジティブな思考と入れ替えよう。

つねにポジティブに思考しよう。ポジティブに考える人は、人生にはなんの問題も存在しないと考える夢想家ではなく、問題を成長の機会ととらえ、何らかの教訓が秘められていると考える現実主義者である。ポジティブな思考とは、現実をあるがままに見て、それを受け入れて最大限に生かすことである。

脳を訓練してポジティブな思考をしよう。しばらくすると、人生が変わり始めていることに気づくはずだ。

Exercise

48時間、ネガティブな思考をせずに過ごそう。ネガティブな思考が浮かんだら、それをポジティブな思考と入れ替えよう。最初は難しいように見えても、練習すれば、簡単にできるようになる。そして1週間、これを試してみよう。ポジティブな思考をするようになって、人生で何が変わったかを調べてみよう。

今日のあなたはこれまでの思いがつくったものであり、
明日のあなたは今日の思いがつくるものである。

ジェームズ・アレン（イギリスの哲学者）

われわれの人生は自分の思考がつくったものである。

マルクス・アウレリウス（ローマ皇帝）

10

自分を鼓舞する信念を持つ

あなたがどんな信念を抱いているかは、きわめて重要である。なぜなら、究極的に信念が現実をつくり出すからだ。あなたの現実は、あなたの信念を映し出したものである。

そもそも信念とは何か。それは意識的か無意識的に真実として受け入れている情報のことだ。いったん何かを真実として受け入れると、あなたはそれが真実であるかのように振る舞い、たとえそれが間違っていても、自分の信念を証明する事実を集める。

信念はやがて現実となる。

そのメカニズムは単純明快だ。すなわち、信念は感情に影響を与え、感情は行動に影響を与え、行動は結果に影響を与え、それが現実をつくる。

人生は偶然の成り行きで展開するのではない。人生は自分の信念を反映しながら展開する。だから、人生を変えたければ、信念を変えなければならない。

たとえ信念が幼少期の刷り込みに由来するものであっても、それは変えることができる。

誰もあなたに信念を押しつけることはできない。自分が最終的にどんな信念を持つかを決定するのは、自分自身だからである。

前述のとおり、アメリカの実業家ヘンリー・フォードは「できると思おうと、できないと思おうと、どちらも正しい」と言った。この場合、「できると思う」というのは「自分を鼓舞する信念」であり、「できないと思う」というのは「自分を限定する信念」である。具体的に検証してみよう。

まず、「自分を限定する信念」を捨てよう。

- うまくいかないことがいつもわが身に降りかかる。
- 人生はとてもつらくて厳しい。
- チャンスは1回しか訪れない。
- 私は無力な存在だから、人生をコントロールすることはできない。
- 私には幸せはふさわしくない。
- 私は人びとに嫌われている。
- 私はできない。

次に、「自分を鼓舞する信念」を持とう。

- すべてがうまくいく。
- 人生は素晴らしい。
- チャンスはいくらでも転がっている。
- 私は自分の人生を積極的に切り開く。
- 私は幸せを手に入れるにふさわしい。
- 私は人びとに好かれる。
- 私はできる。

Exercise

1　自分を限定している信念を書きとめる。

2　信念、感情、行動、結果という順番に信念が現実になることを覚えておく。

3　違う結果を得るためには、どんな信念を持つ必要があるかを考える。

人間を取り巻く状況は、つねにその人自身の信念を映し出したものである。

ジェームズ・アレン（イギリスの哲学者）

11 他人を批判しない

他人の批判は、他人のせいにすることや不平を言うことと同じように悪い習慣だ。幸せな人生を送るためには、この悪い習慣を断ち切らなければならない。他人を批判せず受け入れよう。それが簡単ではないことは私もわかっているが、ぜひ実行すべきだ。

他人を批判するたびに、あなたは自分を批判している。他人について気になっていることは、実際には自分について気になっていることではないだろうか。

Exercise

他人について気になっていることを列挙しよう。自分の胸に手をあててよく考えてみてほしい。それはあなた自身について何を意味しているだろうか？

他人を指さして批判する前に、自分の指がきれいかどうかを確認しよう。

ボブ・マーリー（アメリカの歌手）

12

現状に対する解釈を変える

かつてシェイクスピアは「いいとか悪いというのはなく、そのように考えるからそうなるのだ」と言った。これは名言である。

どんなに悪く見える経験でも、その中に隠されたいいことを探し求めよう。

いかなる状況でも悲観主義に陥らず、つねにいいことを見つける習慣を確立すれば、人生の質を飛躍的に高めることができる。経験それ自体は中立的だが、それに対する物の見方がそれをよいことにしたり悪いことにしたりするのだ。

物の見方を改善する1つの方法は、ポジティブな表現を使うことである。

たとえば、「失敗」を「学習経験」と言い換えるのがそうだ。

ポジティブな表現を使って、自分が置かれている状況に対する解釈を変える具体例を紹介しよう。

私は失業者だ。↓ 私は自分に合う仕事を見つけるために時間をとっている。
私は病人だ。↓ 私は健康を取り戻すためにしばらく休養を必要としている。
私は問題を抱えている。↓ 私は成長するための機会に恵まれている。
私は失敗してしまった。↓ 私はこの素晴らしい学習経験を今後に生かす。
私は何をしてもダメだ。↓ 私はこれから飛躍を遂げるために全力を尽くす。

Exercise

最初は悪い出来事に見えたが、あとでよかったと思えた状況を5つ書き出そう。

楽観主義者はドーナツを見て喜び、悲観主義者はドーナツの穴を見て悲しむ。
オスカー・ワイルド(イギリスの作家)

悲観主義者とは、チャンスがドアをノックしても「うるさい」と嘆く人のことだ。
オスカー・ワイルド

13

物の見方を改善する

幸せになるうえで心の姿勢は非常に重要である。

心の姿勢によって物の見方が大きく変わるし、対応の仕方も変わる。人生のルールを受け入れれば、苦しみは減る。人生は笑いと涙、光と影でできている。悪い出来事が起こっても、それに対する物の見方を変えることによって受け入れなければならない。自分の身に起こることはすべて、試練であると同時に機会でもある。

たとえ最悪の状況でもプラス面を見よう。どんなに悪い出来事の中にもよいことが隠されている。

とはいえ、それを発見するには時間がかかるかもしれない。

繰り返すが、大切なのは、人生で何が起こるかではない。自分がそれにどう対応するかが人生をつくり上げるのだ。人生は一連の幸せな瞬間と悲しい瞬間で成り立っているが、それぞれの瞬間を最大限に生かすかどうかは、あなた次第である。たとえば、失業したとき、それをきっかけに新しい扉を開くかどうか。あるいは、離婚したあと、いつまでも不幸な思いを引きずるか、それをきっかけに新しいパートナーとの出会いを求めるか。

「人生がレモンを投げつけたら、それに砂糖を混ぜてレモネードをつくれ」という古い格言がある。物の見方というのは、言うなれば味付けのことだ。人生は味付け次第で甘くもなれば酸っぱくもなる。

健全な心の姿勢の例を紹介しよう。

- 間違いを犯したら、それから学ぶ。
- 自分が知らないことがあることを認める。
- 困ったときは勇気を出して助けを求める。
- 今までのやり方を変えて新しいことに挑戦する。

Exercise

悪い状況についての物の見方を改めよう。

Part 2

成功への
道筋をつくる

14
感謝の気持ちを持つ

毎日、自分が持っているものに感謝すれば、感謝したいことをもっと引き寄せることができる。感謝の気持ちはあなたにエネルギーを与え、自尊心を高める。それは心身の安定と直接かかわっている。感謝の気持ちは幸せにつながり、怒りや妬み、恨みに対する最高の解毒剤になる。感謝の気持ちを性格の一部にしよう。

身の回りの小さなことも含めて、自分が持っているすべてのものに感謝しよう。「～を手に入れたら、感謝するつもりだ」と言ってはいけない。

今、どんな状況であろうと、感謝の気持ちを持つことを日々の習慣にしよう。持っていないものに対して不平を言うのではなく、持っているものに対して「ありがとう」と言って1日のスタートを切ろう。これはあなたの人生にすぐに好ましい影響を与える。

毎日、いいことを見つけて、それを意識することを心がけよう。次のエクササイズを実行して、自分の生活にどんな影響をおよぼすかを実感してほしい。

1 ふだんの生活の中で自分が感謝しているものをすべて列挙しよう。（これは長いリストになるはずだ）

2 これから3週間にわたり毎日、その日に感謝したことを3つから5つ日記に書きとめよう。そして、就寝前にその瞬間を再現し、幸せな気持ちに浸ろう。

自分が持っているものに感謝すれば、感謝したいことが増える。しかし、自分が持っていないものに意識を向けると、いくらあっても足りない。

オプラ・ウィンフリー（アメリカの司会者）

15 よい面を見つける

人生を決定するのは、自分の身にどんなことが起こるかではなく、それにどう対処するかである。人生では悪いことが起こるが、その経験にどう向き合うかは心の姿勢に左右される。私たちは楽観主義者になることも悲観主義者になることもできる。言い換えると、「よい面を見つける人」と「悪い面を見つける人」のどちらにもなれるということだ。どちらを選ぶかは、私たち次第である。

「よい面を見つける人」はつねに人生の明るい面を見る。彼らは現実を直視しつつも、いたるところに恩恵を見る。

一方、「悪い面を見つける人」は厳しい現実にがっかりし、たえず問題について不平を言い、いつもみじめな思いをして暮らしている。「悪い面を見つける人」になることは非常に危険である。なぜなら、そういう心の姿勢は絶望につながりやすいからだ。

「悪い面を見つける人」は自分が被害者だと思い込んでいる。彼らは自分がそういう現実をつくり出していることに気づいていない。たとえば、どんな仕事を見つけようと、ひどい上司に遭遇する。どんな相手と結婚しようと、その伴侶は思いやりがない。どんなレストランに行こうと、サービスが悪くて料理がまずい。こんな具合にいつも問題が発生するので、彼らは世の中にすっかり絶望してしまうのだ。

朗報を紹介しよう。人生のポジティブな面に意識を向けて楽観的に解釈する訓練をすれば、「よい面を見つける人」になることができるのだ。

どんな状況でも受け入れて最善を尽くすことができる人は誰の周りにもいる。彼らのモットーは「この状況はいずれ好転する」である。

「よい面を見つける人」になるためには、自分の人生で恵まれていると思うことに感謝し、それを日記に書きとめるといい。

いつも最善のことが起こるとはかぎらないが、自分の身に起こったことの中に最善のものを見いだすことはいつでもできる。

タル・ベン・シャハー（心理学者、ハーバード大学講師）

16

物事を楽観的に解釈する

あなたは意識を向けるものをさらにもっと見る。
だから、幸せや感謝のようにポジティブなことに意識を向ければ、ますます多くのポジティブなことを見て、気分がどんどんよくなる。脳がポジティブなことを意識すればするほど、あなたはこの状況が続くことを予想し、より楽観的になることができる。

たしかに人生では悪いことも起こるが、あなたの現実をつくり出すのは自分が何に意識を向けるかである。最悪と思えるような状況ですら、何らかの恩恵を見つけることができる。といっても、現実を無視するという意味ではない。世の中はいいことと悪いことが共存しているが、どちらに意識を向けるかが重要なのだ。

人生のポジティブな面に意識を向け、さらにチャンスを見つけるためには、次の2つの簡単なエクササイズを実行するといい。

1 仕事とプライベートでその日に起こったすべてのよいことを列挙する。
2 夜、その日に起こった3つのよいことを思い出して心の中で再現する。

この2つのエクササイズの簡単さに惑わされてはいけない。これはきわめて強い力を持っていて、いたるところに恩恵を見つけるきっかけになる。1日たった5分間実行するだけで、可能性を生かすことができるのだ。

ほかにも、素晴らしい作用がある。脳が1回に集中できる対象には限界があるから、いやなことを意識から排除することができるのだ。

たった1週間、このエクササイズを実行すれば、それまでより幸せで楽観的になれる。抑うつ状態も徐々に改善するはずだ。このエクササイズは奇跡を起こすことができるから、ぜひ継続することをおすすめする。世の中のいいことを見つけて書きとめることがどんどんうまくなり、ますます多くの恩恵を見つけることができるに違いない。

書きとめる対象は深遠なことや複雑なことである必要はなく、具体的に書きさえすればいい。たとえば、おいしい食べ物、自然にふれた瞬間、子どもの笑顔といった単純なことで十分だ。

筆記具やノートのように必要なものを手元に置いておき、毎日、同じ時間にこのエクササイズを実行しよう。配偶者や子どもと一緒にすると楽しさが増える。ぜひこれを毎日の習慣にしよう。

最後にひと言。

見せかけだけの楽観主義では効果がない。遅かれ早かれ、それは幻滅や怒り、無力感につながる。あなたは「現実的な楽観主義者」になるように訓練する必要がある。プラス思考だけでは十分ではなく、情熱と努力を付け加えなければならない。

悲観主義は弱さにつながり、楽観主義は強さの土台となる。

ウィリアム・ジェームズ（アメリカの心理学者）

17 苦難を乗り越える

率直に言おう。遅かれ早かれ、善良な人の身にも悪いことが起こる。これは人生の旅の一部だから受け入れるしかない。どんなに恵まれた人でも、悲しみや怒り、失望などのネガティブな感情を経験しているのが実情だ。

しかし、あなたは選択することができる。悪い出来事を惨事とみなして苦しむか、その苦難に隠された教訓を見つけて、それを成長の糧として最大限に活用するか。

苦難を乗り越えることによって自信がつき、次に悪いことが起こっても、より早く立ち直って復活することができる。なぜなら、あなたはすでにそうしてきたからだ。

適切な教訓を学べば、あなたは以前より謙虚で、辛抱強く、思いやりに富み、回復力があり、幸せな人物になることができる。実際、多くの場合、とても幸せそうな人ですら人生で悲しい経験をしている。歴史を振り返ると、苦難に遭遇しても、逆境をバネにして大きな功績を挙げた人たちはたくさんいる。

18

粘り強さを発揮する

粘り強さは才能や知性、戦略よりも重要である。

絶対にあきらめないことは大いなる美徳だ。人生が計画どおりにいかないとき、どんなに小さな歩みでもいいから、とにかく前進を続けよう。成否を分ける最大の習慣は、粘り強さを発揮することである。

成功が訪れる前には障害が立ちはだかることがよくある。計画がうまくいかないとき、それは一時的な敗北にすぎないと考え、新しい計画を立てて再び挑戦しよう。もしその計画もうまくいかないなら、うまくいくまで改善しよう。この時点で大多数の人があきらめる。彼らは新しい計画を成功させるだけの粘り強さを持ち合わせていない。

ただし、うまくいかない計画を粘り強く実行してはいけない。もしうまくいかないなら、目標を達成するための計画を変更する必要がある。

粘り強さとは、目標を達成するまで粘り強く取り組むという意味だ。障害に直面して挫折を経験したとき、そこで投げ出さずに辛抱しよう。

失敗の最初の兆しが見えたときに目標を断念してはいけない。トーマス・エジソンが白熱電球を発明するために1万回も挑戦したことを思い出して、それと同じくらいの粘り強さを発揮しよう。

粘り強さは心の姿勢だから、それを身につければいいのだ。もし倒れたら、素早く立ち上がり、目標に向かって前進を続けよう。

粘り強さを発揮するためには次のようにすればいい。

1　目標を達成するための燃えるような情熱を持つ。
2　明確な目標を掲げ、日々の歩みによって着実に前進する。
3　気が滅入るような人たちの影響を受けないように気をつける。
4　目標を達成するように励ましてくれる人に支えてもらう。

19

失敗を恐れない

人生の旅に対する新しいアプローチを紹介しよう。

具体的には、間違いを犯すことに対するアプローチだ。

ただし、この項目を読んだからといって、失敗の苦痛を避けて通ることはできない。あなたに期待するのは、間違いを犯すことに対する合理的なアプローチを学ぶことだ。これはきっと大きな恩恵をもたらすことになる。

間違いを犯すたびに、成長に必要なことを学び、モチベーションを高めることができる。間違いを犯したときに教訓を学ぶなら、成功に一歩ずつ近づく。間違いが問題になるのは、それから何も学ばないときだ。

あなたは子どものころ、どうやって歩き方を学んだだろうか。何度も間違いを犯すことによって、歩き方を学んだはずだ。倒れては起き上がることを何度も繰り返したが、それはむしろ楽しいことだった。

ところが一定の年齢に達したときに、失敗の楽しさがなくなった。突然、あなたは失敗したら恥ずかしいと思うようになり、失敗を避けたがるようになった。

自分がどうやって学んできたかを思い出そう。失敗する以外に学んで成長する方法はない。失敗して教訓を学びながら挑戦を続けることが、成功するための最も合理的な方法なのだ。だから、失敗すればするほど成功に近づくのである。

たとえば、大リーグ史上最高の打者の一人、ベーブ・ルースは714本のホームランを打ったが、その一方で1330回もの三振を喫した。彼は「空振りをするたびに次のホームランに近づく」と言っている。

失敗することに備えよう。失敗したら教訓を学べばいい。それは愉快な経験ではないかもしれないが、何かを学んで再び立ち上がればいいのだ。

すべての失敗を勉強とみなそう。失敗するたびに成功への布石にしよう。

人間が犯す最大の間違いは、間違いを犯すことを恐れることだ。

エルバート・ハバード（アメリカの作家）

20

失敗を前向きにとらえる

さらに失敗について語ろう。

このテーマは非常に重要なのだが、かなり誤解されているのが現状だ。ブラジルの作家パウロ・コエーリョはいみじくも「夢の実現を不可能にしている要因は1つしかない。それは失敗を恐れることだ」と言っている。

たしかに失敗を恐れることは夢をぶち壊す最大の要因だが、なぜ私たちは失敗をそんなに恐れるのだろうか。

なぜ私たちは自己啓発の大家ナポレオン・ヒルのように、「すべての失敗、挫折、苦悩は、それと同等かそれを超える恩恵をもたらす可能性を秘めている」と考えることができないのか。

失敗を前向きにとらえれば、人生はどう変わるだろうか。失敗を成長に必要な学習経験とみなせないものか。失敗を通じて知識を増やし意欲を高めることはできないものか。失敗をきっかけに進歩を遂げるという考え方を身につければ、いったいどうなるだろうか。

エジソンの精神に学ぼう。彼は「失敗したのではなく、うまくいかない方法を1万通り見つけることに成功した」という名言を残している。さらに、「失敗を通じて成功にたどり着いた」とも言っている。彼はこんなふうに失敗を前向きにとらえて多くの発明をした。彼はけっしてあきらめなかった。

失敗を学習経験とみなし、教訓を学ぼう。

幸い、私たちは子どものころ、多くの人が大人になって受け入れてきた考え方を持っていなかった。もしそんな考え方を子どものころに持っていたら、歩き方すら覚えることができなかっただろう。

不幸なことに、私たちは成長の過程で「失敗は悪いことだ」という考え方を身につけてしまった。その結果、ひとたび失敗すると、目標を断念するようになった。最初の挑戦でうまくいかなかったから、誰かに断られたから、ベンチャーが挫折したから、私たちはあきらめてきた。

今こそ失敗に対する考え方を変えるべきだ。

今後、「すべての失敗は人生で素晴らしい瞬間だ。それによって学習し成長することができるのだから」と考えよう。

21

失敗をバネにして先に進む

最近、従業員に失敗を奨励することによって変革をめざす企業が増えている。失敗を恐れると創造性やイノベーションが抑圧され、企業の進歩が鈍化することに気づくようになったからだ。

成功は正しい決定の結果である。
そして、正しい決定は経験の結果である。
経験は間違った決定の結果である。

失敗を通じて成功を収めた、ある著名人の経歴を紹介しよう。

失業　23歳
州議会議員選挙に落選　23歳
事業で失敗　24歳
州議会議員に選出　25歳

婚約者が急死　26歳
ノイローゼに陥る　27歳
州議会議長に落選　29歳
下院議員選挙に落選　34歳
再選で敗退　39歳
公有地管理局長の地位に就けず　40歳
上院議員選挙に落選　45歳
副大統領選挙に落選　47歳
上院議員選挙に再び落選　49歳
大統領に選出　51歳

これはエイブラハム・リンカーンの経歴である。失敗を通じて成功したお手本だ。

失敗するのはつらいが、
成功をめざして挑戦しないのはもっとつらいことである。
セオドア・ルーズベルト（アメリカ第26代大統領）

22

拒絶されても、くじけない

拒絶を乗り越えて成功を収めた著名人を紹介しよう。

マイケル・ジョーダン　高校のバスケットボールチームから追放された。

スティーヴン・スピルバーグ　演劇学校への入学を3回もたて続けに断られた。

ウォルト・ディズニー　新聞社の編集長から「アイデアと想像力が欠如している」という理由で解雇を言い渡された。

アルバート・アインシュタイン　話し始めるのが遅く、学校の成績が悪かった。

ジョン・グリシャム　3年の歳月をかけて完成させた最初の小説『評決のとき』（新潮文庫）は28の出版社に断られたが、刊行と同時に大ベストセラーとなり、映画化された。

J・K・ローリング　離婚後、シングルマザーとして生活保護を受けながら、『ハリー・ポッターと賢者の石』（静山社）を書き上げた。

スティーヴン・キング　最初の小説『キャリー』（新潮文庫）は30回も却下され、その原稿をゴミ箱に捨てたが、妻がそれを拾い上げて再挑戦するように励ました。

エルヴィス・プレスリー　レコード会社の幹部に「そんな歌い方では絶対にヒットしないから、早く故郷に帰って再びトラックの運転手をしたほうがいい」と言われた。

ビートルズ　レコード会社の幹部に「グループサウンズなんてダメだ。今どき、こんな連中が成功するはずがない」と言われた。

Question

1　**この数年、拒絶されたことがあるか？**
2　**その経験から何を学んだか？**
3　**その経験によって得た恩恵は何か？**

23 つねに「あともう少し」がんばる

たとえ困難に直面しても、自分を信じて努力し続けることが成功のカギを握る。

人生で何かをしようとすると、必ず何らかの障害が立ちふさがる。そんなときは思い出そう。これは、あなたが本気で目標を達成しようとしているかどうかを見極めるために天が与えた試練なのだ。

先行きが見えずに不安にかられ、自分が信じられなくなってあきらめそうになったとき、あなたはたいてい勝利を目前にしている。だから、あともう少しがんばれば、突破口が開ける公算が大きい。つまり、困難に直面したときにもうひと踏ん張りすることが、成功の秘訣なのだ。

金鉱を見つけるために自分の土地と所有物をすべて売り払って高価な道具を買い込み、旅費を払って遠方からはるばる鉱山までやってきた男の話を知っているだろうか。

この男はせっせと10メートルほど掘って何も見つからなかったので、がっかりしてあきらめ、安値で道具を売り払って立ち去った。ところが、その道具を買った次の男がそこからほんの1メートルほど掘り進めると金鉱が見つかり、その男はたちまち大金持ちになった。最初の男はあとでその知らせを聞いて悔しがった。

このような話は枚挙にいとまがない。その教訓は、たとえ先行きが見えず、どんなにつらくても、すぐにがっかりしてあきらめてはいけないということだ。

人生で何らかの障害に直面したとき、つねにあともう少しがんばるだけの勇気と根気が必要である。何かがうまくいかず、投げ出しそうになったら、史上最高の発明家トーマス・エジソンの名言を思い出そう。

「人間の最大の弱点は、途中であきらめることだ。成功するための最も確実な方法は、つねにあともう少しがんばることである」

24

断られても再挑戦する

私たちにとって最大の恐怖の1つは、断られることだ。実際、多くの男性は断られることを恐れて女性をデートに誘わない。

人生の目標を達成するためには、断られたときの心の対処法を覚える必要がある。それは、失敗と同様、断られることは人生の一部にすぎないと考えることだ。

断られることに関しては、成功している人たちもあなたとそんなに変わらない。ただ、断られたときの対処が上手なだけだ。これはじつに重要なことである。

目標を達成するプロセスで、あなたは何度も断られる状況に直面しなければならない。だから絶対にあきらめてはいけない。ましてや、断られたからといって、個人攻撃と受け止める必要はまったくない。

よく考えてみよう。女性をデートに誘って断られても、実際には何の損失も発生しない。元々、相手はあなたとデートするつもりはなかったのだから。

断られることは問題ではない。断られたあとで心の中で始まる自分との対話が問題なのだ。「どうせダメだと思っていた。私は何も成し遂げることができない」というのが典型的な例だ。大切なのは、あきらめずに前進を続けることである。

最も成功しているセールスマンですら1日に何回も断られている。彼らは「ノー」という返事を何回も聞いてようやく「イエス」という返事を聞くことができると確信している。私が知っているプレイボーイたちは断られても上手に対処する。一晩に25人の女性に話しかけてやっと1人が応じてくれることを知っているからだ。ところが、ほとんどの男性は2、3回断られただけであきらめる。

成功を収めるまで何度も断られることを覚悟しておこう。成功の秘訣は途中で絶対にあきらめないことだ。誰かに「ダメだ」と言われたら、「今度また挑戦するぞ」と自分に言い聞かせよう。

実際、大ヒット作は日の目を見るまでに何度も却下されている。

あなたは次の事実を知っているだろうか？

- シルベスター・スタローンが書いた大ヒット映画「ロッキー」の脚本は、採用されるまでに70回以上も却下された。
- J・K・ローリングの世界的ベストセラー『ハリー・ポッター』の原稿は12回も却下された。
- ジャック・キャンフィールドとマーク・ビクター・ハンセンの共著『こころのチキン

スープ』（ダイヤモンド社）は130回も却下され、編集者に「2万部も売れたらいいほうだ」と言われたが、世界中で800万部を超える大ベストセラーとなった。

Exercise

もし断られたら、どう対処するかを考えよう。

私は誰かに断られるたびに、「くじけずにがんばれ」と応援してもらっていると考えることにしている。

シルベスター・スタローン（アメリカの俳優）

25
問題を恩恵とみなす

問題を抱えているなら喜ぼう。私は冗談を言っているのではない。あなたは成長するための機会に恵まれている。なぜなら、問題は学んで成長するための機会だからだ。リーダーシップの第一人者として知られるロビン・シャーマは、問題を恩恵とみなすことを提案している。

大切なのは、問題にどう向き合うかだ。問題から学ぶという態度をとれば、人生は大きく向上する。

今まで経験した数々の問題を振り返ってみよう。どの問題にも恩恵の種子が隠されていなかっただろうか？

たとえば、ビジネスで損失を計上しても、それはもっと大きな損失から救ってくれた可能性がある。逆境に直面しているとき、解決すべき問題を人生に与えてもらっているのだと考えると大きな恩恵を得ることができるはずだ。

26

自分の内面の対話に気をつける

日ごろ自分が使っている言葉に気をつけよう。

言葉の力を見くびってはいけない。それは非常に強い力を持っている。私たちが自分の経験を表現するために使っている言葉が、やがて私たちの現実になるのだ。

あなたは他人に投げかけた言葉が大きな被害をもたらした状況を一度か二度は経験しているはずだ。しかし、これは他人に話しかけるときだけでなく自分に話しかけるときにもあてはまる。つまり、あなたが心の中で自分に話しかける小さな声だ。

あなたは自分にたえず話しかけていることを現実にする。内面の対話は催眠術の暗示のようなものだ。

もし頻繁に不平を言っているなら、そのとき自分にどんなことを話しているだろうか。もし自分はダメな人間だと言っているなら、それがあなたの現実になる。しかし、もし自分は価値のある人間だとたえず言っているなら、それもあなたの現実になる。

内面の対話は自尊心に大きな影響を与える。だから、自分をどのように表現するかについては細心の注意を払わなければならない。たとえば、「私は怠け者だ」「私は最低の人間だ」「私は無能だ」といったことだ。もし「私は疲れている」と自分に言い聞かせると、あなたはますます疲労を感じるようになる。

自分の内面の対話に気をつけることは非常に重要である。

自分に話しかける内容が、自分についての考え方を変え、自分についての感じ方を変え、行動パターンを変え、究極的に結果を変えるからだ。したがって、「私は絶対に成功する」「必ずもっと痩せる」「私は価値のある存在だ」というように自分との対話をつねにポジティブなものにする必要がある。なぜなら、潜在意識は否定的な表現を理解せず、あなたの言葉を短絡的なイメージでとらえるからだ。

たとえば、「ピンクのゾウを想像してはいけない」と言われたら、あなたは何を思い浮かべるだろうか。おそらく、ピンクのゾウを思い浮かべるはずだ。

繰り返すが、自分がほしいものに意識を向けることが大切だ。

自分の言葉、とくに自分に投げかける質問はあなたの現実に大きな影響を与えることを覚えておこう。私はクライアントに「何かをすることができない」と自分に言い聞かせるのではなく、「どうすればそれができるようになるか?」と自分に問いかけるように指導している。そうすれば、脳はその方法を探し始めるからだ。

素晴らしいことに、自分の言葉を変えて自分にポジティブに話しかけ、今までとは違う質問を自分に投げかけると、本当に人生を変えることができる。

Exercise

さっそく、今までと違うポジティブな質問を自分に投げかけよう。

あなたの目標を阻止している唯一の要因は、
自分にたえず話しかけているネガティブな内容である。

アンソニー・ロビンズ（自己啓発の大家）

27 相手にポジティブな働きかけをする

感情は伝染する。

科学者たちは、3人を1つの部屋に入れると、感情を最もあらわにする人が他の2人によかれ悪しかれ強い影響を与えることを発見した。

周囲の人にポジティブなエネルギーで好ましい影響を与えよう。それは相手にも自分にも恩恵をもたらす。なぜなら、自分が発信したものは自分に返ってくるからだ。

すでに学んだように、私たちが発する言葉はとてつもなく大きな力を持っている。だから、人びとを勇気づけるポジティブな言葉を使うことが大切だ。

自分の言葉が周囲の人のパフォーマンスに強い影響を与えることは、科学的に証明されている。それは相手の心理に働きかけ、その人の成績を左右する。たとえば、高齢者に加齢とともに記憶力が低下すると暗示をかけると、記憶力テストの成績が顕著に落ちるというのがそうだ。

28

ほしいものに意識を向ける

ほしいものを手に入れることができない最大の原因は、自分がほしいものをよくわかっていないことだ。第二の原因は、たとえ自分がほしいものはわかっていても、ほしくないものに意識を向けていることだ。

自分が何かに意識を向けていると、それはますます拡大する。だから皮肉なことに、ほしくないものに意識を向けると、それを逆に引き寄せてしまうことになる。

あなたは問題とその解決策のどちらに意識を向けているだろうか?

これは非常に重要なことである。なぜなら、ほとんどの人はほしくないものに意識を向けているために、ほしいものが手に入らずにあきらめているのが実情だからだ。

たとえば、多くの人は「私はお金を引き寄せる」と自分に言い聞かせつつも、「請求書が届いてお金が出ていくばかりだ」という事実に意識を向けている。その結果、自分がほしくないものをさらに引き寄せてしまうのだ。

あなたは意識を向ける対象をさらに引き寄せる。あなたのエネルギーは意識の対象に注がれ、それがあなたの現実をつくっていく。

チャンスに意識を向ければ、ますますチャンスを見つけることができる。成功に意識を向ければ、ますます成功することができる。

意識を向ける対象を変えるために、次の質問を自分に投げかけよう。

- この状況をどう改善すればいいか？
- 自分は何に感謝しているか？
- 今、自分の人生で素晴らしいと思えることは何か？
- その気になれば、何に幸せを感じることができるか？
- この出来事は10年後もまだ重要だろうか？
- この試練から何を学ぶことができるだろうか？

暗闇でもがき苦しんでいるときこそ、光に意識を向けることが大切だ。

アリストテレス・オナシス（ギリシャの実業家、「20世紀最大の海運王」）

29

気分が盛り上がる質問を自分に投げかける

つねに最善を期待しよう。人生がいつもうまくいくとはかぎらないが、あなたは自分が予想しているものをつねに受け取ることになる。

あなたは成功か失敗のどちらを予想しているだろうか。私たちの自分に関する予想は潜在意識の思い込みに由来し、それが私たちに大きな影響を与える。予想は心の姿勢に影響を与え、心の姿勢は成功に大きな影響を与える。

さらに、予想は行動力にも影響を与える。多くの人はそれを知っているはずだが、ほとんどの人は気分が落ち込むネガティブな質問を自分に投げかけ、ネガティブな結果を予想しているのが実情だ。たとえば、「それがうまくいかなかったらどうなるか？」「彼女を誘って断られたらどうなるか？」「その仕事に就けなかったらどうなるか？」「昇給を拒否されたらどうなるか？」「失業して一文無しになったらどうなるか？」といった質問だ。しかし、これでは自信がなくなるだけだから、恐れていることに意識を向けるべきではない。

この思考回路を逆転させて、ほしいものに意識を向けよう。たとえば、「それがうまくいったらどうなるか？」「彼女を誘って応じてもらったらどうなるか？」「その仕事に就けたらどうなるか？」「昇給を認めてもらったらどうなるか？」「成功して金持ちになったらどうなるか？」「この本が人生を好転させてくれたらどうなるか？」などなど。

こうして思考回路を逆転させるだけで、あなたが得る答えは一変する。それはあなたの内なる対話をがらりと変えるからだ。突然、それまでの「気分が落ち込む質問」ではなく「気分が盛り上がる質問」によって考え方が変わり、次のような恩恵をもたらす。

- ストレスが和らぎ、不安が鎮まる
- 心の中が平和になる
- エネルギッシュになる
- 成功体験を積極的につくり出すことができる

ぜひこれを試してみよう。

今、読んでいてどう感じただろうか。自分が抱いているすべての恐怖を列挙し、「気分が落ち込む質問」を「気分が盛り上がる質問」に転換しよう。

30

相手の話にもっと耳を傾ける

私のコーチングの中で最も重要な指導の1つが、相手の話に耳を傾ける技術である。具体的には、相手が話し始めたときにアドバイスや解決策が浮かんでも、30秒間は黙って話に耳を傾けるということだ。

多くの人が相手の話を聞いているのは、相手を理解するためではなく自分が発言するためである。彼らは自分が発言するために相手が一息つくのを待っている。自分が言いたいことを相手の発言中に心の中で予行演習しているなら、相手の話に耳を傾けていない。

相手の話をさえぎらずに最後まで聞こう。アドバイスをしたくなったら、相手の許可を得るべきだ。たいていの場合、相手は最後まで話していると自分で解決策を思いつく。

話をじっくり聞いてもらうと、相手はあなたに好感を抱く。その結果、あなたの会話の技術は大きく向上し、人間関係は飛躍的に改善する。

31 相手の長所を見つける

相手の長所を見つければ、その人の長所をもっと伸ばすことができる。

ピグマリオン効果とは、相手が秘めている能力を信じると、相手の潜在能力を目覚めさせることができるという意味だ。もしあなたが家族や友人、同僚に対して、より大きな成果を上げることができると信じていることを伝えれば、その人は実際に大きな成果を上げる。そして、その逆も真実である。

人と会うたびに相手の長所を見つけよう。

そのためには、「この人の長所は何か？」と自分に問いかける習慣を身につけるといい。相手の長所を探せば、きっとそれを見つけることができる。

この習慣は寛容の精神を養うことにつながる。

なぜなら、たとえ相手の長所を見つけることができなくても、「この人は長所を持っているはずだが、あいにく今日は調子が悪いに違いない」と思うことができるからだ。

32

問題に立ち向かう

勇気を出して、自分が抱えている問題に立ち向かおう。

なぜなら、自分の問題から逃げているかぎり、それはあなたをずっと悩ませることになるからだ。もしその問題を解決しないなら、あなたが何かを学んで前進するまで、それは何度も現れる。

たとえば、同僚との人間関係のトラブルから逃げるために転職したなら、新しい職場で別の人と同じような問題を抱えることになる可能性がある。あなたがその状況から何かを学んで問題を解決しないかぎり、それはいつまでも続くおそれがある。

もしかすると、あなたはどの相手と恋愛をしても同じ問題に直面しているかもしれない。

実際、私はそれを多くのクライアントから聞いている。彼らは自分が抱えている問題の解決を先延ばしにし、そのために不安にさいなまれている。

しかし、いったん彼らが問題に取り組むと、「解決できて気分がよくなった」と喜びをあらわにする。

解決策がどこかから現れるのを待っていてはいけない。それは自分の中にあることに気づこう。

Exercise

自分が抱えている問題を列挙し、その解決に取り組もう。
自分が抱えている数々の問題を検証し、その共通項を見つけよう。
そのさい、同じようなことがたびたび起こっていないか見極めることが大切だ。

ほとんどの人は問題を解決するより、
問題から逃げるために時間と労力を費やしている。

（ヘンリー・フォード〈アメリカの実業家、フォード・モーターの創業者〉）

33

無用の心配をしない

多くの人はたえず心配している。自分の力では変えることのできない過去のことについて心配し、自分の力では左右できない未来について心配し、自分の力ではどうしようもない景気や戦争、政治について心配している。さらに興味深いのは、多くの人が心配している災難の大半が、実際には起こらず、たとえ起こっても大したことがないということだ。

作家のマーク・トウェインはいみじくも「人生でたくさんの心配事を抱えてきたが、その大半が実際に起こらなかった」と言っている。ここで肝に銘じよう。いくら心配しても、過去と未来は変えることができないし、現在をよりよくすることもできない。それどころか、あなたはますます落ち込んでしまい、現在を楽しむことができなくなる。

心配することがどれだけ時間と労力の無駄か理解できただろうか？

別の例を紹介しよう。自己啓発の講演家ロビン・シャーマがセミナーで、ある管理職の男性に自分の心配事を分析するように言ったところ、次の結果が出た。

心配事の54％はたぶん現実にはならないことだった。

26％が変えることのできない自分の過去の行為に関するものだった。
10％が他人の意見に関するものだった。
4％がすでに解決した個人的な健康問題だった。
注目する必要があったのは、わずか6％だった。

結局、対処のしようがなく、エネルギーを奪うだけの問題を見極めて除外することによって、その男性は自分を苦しめてきた心配事の94％を排除することができた。

Exercise

自分の心配事を列挙しよう。
どれが過去に関するものか？　どれが未来に関するものか？　どれが自分の力ではどうしようもないものか？　どれが自分の力でなんとかなるものか？

もし問題が解決できるなら、心配する必要はない。
もし問題が解決できないなら、心配しても仕方ない。
結局、どちらにしても心配したところで何の得にもならない。

ダライ・ラマ14世

Part 3

人生の目的と目標を見つけだす

34

自分をよく知る

人生を変える前にすべき最初のことは、自分の現状と自分に欠けていることを理解することである。時間をとって次の質問に答えてほしい。

- あなたの人生の夢は何か？
- 人生の最期が近づいたとき、しなかったことで最も後悔することは何か？
- 時間とお金に余裕があれば、何をし、何になり、何を手に入れたいか？
- 人生で何に興味を抱いているか？
- 自分の人生を制限しているのは何か？
- この1年間で最大の成果は何か？
- この1年間で最大の不満は何か？
- 他人を喜ばせるために何をしているか？
- 自分を喜ばせるために何をしているか？
- これまでで最高の仕事は何か？

- それが自分の最高の仕事だと思う理由は何か？
- 現在の仕事と5年前の仕事の違いは何か？
- 自分の仕事の中でどの部分がいちばん楽しいか？
- 自分の仕事の中でどの部分がいちばん嫌いか？
- 先延ばしにしがちなことは何か？
- 自分が誇りに思っていることは何か？
- 自分をどう表現しているか？
- 自分の行動のどういう部分を改善する必要があるか？
- 人生で成功するための決意は現時点でどのレベルか？
- 現時点でどのくらい健康で幸せだと思っているか？
- 現時点で人生をどのくらい楽しんでいるか？
- 何に対する恐怖を捨てたいか？
- 人生のどの分野で突破口を開きたいか？

35

自分の最も大切な価値観を把握する

価値観について考えてみよう。

道徳的な意味合いではなく、何に意欲を感じるかということだ。自分の価値観を明確にすることは、自分をよく知るうえで最も重要なことの1つである。

自分の価値観を把握することによって、人生でほしいものをさらに引き寄せることができる。現在の生き方と自分の価値観に大きな開きがあると、不満を感じやすい。

しかし、自分の価値観を見極めれば、どんな行動をとればいいかがわかる。目標が価値観と一致していると、目標をスムーズに達成できることに気づくはずだ。

自分に喜びと充実感と心の平和をもたらす価値観は何かを見極めよう。そして、その中でとくに大切な価値観を知ろう。

Question

1 人生で非常に大切なのは何か？
2 あなたにとって、人生の目的は何か？
3 心の平和を感じるのは何をしているときか？
4 時間の経過を忘れるぐらい楽しいことは何か？
5 尊敬している人たちを思い浮かべ、彼らのどんな資質に敬意を抱くか？
6 どんな活動をしているときが最も楽しいか？
7 どんな瞬間が喜びと充実感をもたらすか？
8 あなたが耐えられないことは何か？

Exercise

少し時間をとり、目を閉じてリラックスしながら、今日が自分の75歳の誕生日だと想像しよう。家族と友人が集まって祝ってくれている。自分にどんな言葉をかけてほしいか考えてみよう。

36

自分の大好きなことをする

人生の旅で最も重要なことの1つは、自分がこの世に生まれてきた目的を発見することだ。これはどういう意味だろうか?

要するに、自分の大好きなことをするという意味だ。「成功するとわかっていたら何をするか?」という問いに対する答えが、自分が生まれた目的を発見することにつながる。

家族と過ごすよりも仕事をして過ごす時間のほうが長いのだから、仕事を楽しんだほうがずっといい。ところが、「アメリカの職場レポート」と題する最近の世論調査によると、国民のじつに70%が自分の仕事を嫌っているのが現状だ。全体の50%はやる気がなく、ただ出勤しているだけで、20%は心の中であきらめて労働意欲をすっかり喪失している。

5年間、私はその50%に属していた。それは悲惨だった。最悪なのは、自分がそれに気づいていなかったことだ。

私たちはみな、なりたい自分、手に入れたいもの、したいことについて大きな夢を持っている。その夢はどうなったのか。夢を取り戻すためには、前項で紹介した自分の価値観を見極めるエクササイズが役に立つ。

理想的には、自分の価値観にもとづいて目標を設定し、自分の価値観に従って生きていける仕事に就くことだ。そうすれば、いつも大好きなことをすることができる。人生の目的を見つければ、すべてがうまくいく。あなたは大切な人と機会を引き寄せて成果を上げることができる。大好きなことをすることほど成功を引き寄せるものはない。

もし自分が何のために生きているのかわからず、空虚な思いにさいなまれているなら、人生の目的を見つけていない証しである。

だが、心配する必要はない。その問題は解決することができる。自分の価値観、スキル、情熱、野心、得意分野を検証すれば、自分の目的に関する手がかりをつかむことができるからだ。

勇気を出して次の質問に答え、それを紙に書きとめよう。あなた以外の誰もそれを見ないから安心してほしい。(このエクササイズを飛ばしてはいけない。私は15年間ずっとこのエクササイズを避けていたが、ある日、それに向き合って答えを出したとき、すべてが変わり始めた)

- 自分はどういう人物で、なぜここに存在しているのか?
- 自分が人生で本当にしたいことは何か?
- 何をしているときに自分は生き生きしているか?

・自分の人生で最も楽しかったことは何か？
・時間の経過を忘れるほどワクワクするのは、自分が何をしているときか？
・自分の強みは何か？
・必ず成功するとわかっていたら、自分は何をするか？
・ずっと遊んで暮らせるだけのお金があれば、自分は何をするか？

人生で最も大切な日は2日ある。
自分がこの世に生まれた日と、その理由を発見した日だ。

マーク・トウェイン（アメリカの作家）

人生の目的は、役に立つ人材になり、他者に思いやりを持ち、
社会に貢献することだ。

ラルフ・ウォルドー・エマーソン（アメリカの思想家）

37

自分の強みを知る

すべてのことが上手にできる必要はない。自分の強みに集中しよう。何かに集中すると、それはますます強くなる。
次のことを実行しよう。

- 自分が得意なことを列挙する。（自分がうまくできることは何か？）
- 自分の成果を列挙する。（自分がしたことで誇りに思うことは何か？）

自分の強みがわかれば、それをさらに強化しよう。

Exercise

自分の強みを友人や知人に聞いてみよう。
これは励みになり、自信がつく。

38

目標を書きとめる

大多数の人はどこから夢をかなえればいいのかまったく知らない。だが、一回に一歩ずつ着実に前進すれば、それまで想像もしていなかったことを成し遂げることができる。

興味深いことに、最終目標を達成することより、そのプロセスでどんな人物になるかということが大切だ。「目的地に着くより旅をすることのほうが重要だ」という格言があるが、これは目標設定にもあてはまる。なぜなら、いったん目標を設定すると、行動を起こしたくなるからだ。人生の明確な目標を設定することは、成功と幸福を手に入れるうえで不可欠である。

目標を達成するための第一段階は、それを紙に書きとめることだ。当初、私は半信半疑だったが、実際に目標を書きとめるようになって、もっと早く始めていたらよかったと思った。自分でも信じられないぐらい集中力が高まり、非常に生産的になったからだ。

前述のとおり、私は目標設定にはずっと興味がなかった。正直に言って、目標設定をすると気分が落ち着かなかったのだ。目標を紙に書くと、自分が成し遂げたことと成し遂げなかったことがはっきりしてしまい、私にはそれをする勇気がなかったからだ。

目標を書きとめるのが大切な理由は3つある。

1　1日に5000から6000の思考の中から書き出した特定の1つが最も重要であることを心に銘記することができる。

2　目標に近づくための活動に集中することができる。また、よりよい決定をくだせるようになり、今この瞬間にしていることが自分の時間の最高の活用法かどうかをつねに意識することができる。

3　毎日、書きとめた目標を見ると行動を起こすきっかけになり、「今この瞬間にしていることは目標に近づくのに役立つか？」と自問することによって1日の行動の優先順位をつけることができる。

変化のプロセスを開始する前に、自分の目標について明確にしなければならない。そして、それを達成可能な小さいステップに分割し、目標を達成するためのすべてのステップを列挙しよう。それぞれのステップと目標に日付をつけることを忘れてはいけない。

たとえその日付どおりに目標を達成できなくても、心配する必要はない。日付をつけるのは、目標に集中して切迫感を持つためだ。私の好きな名言の1つに「夢に日付をつければ目標になる」というのがある。今日からそれを実行しよう。

これから紹介するエクササイズで、自分の人生が10年後にどうなってほしいかを書こう。そのさい、たんに可能だと思うことではなく、手に入れたいものを書くといい。だから思い切って大きな目標を書こう。想像力には限界がない。

あなたがここに書く答えは、あなたの人生の方向性を示している。自分の目標について心の中で明確なビジョンを思い描こう。自分がすでに目標を達成している姿をイメージしよう。それはどんな感じだろうか？　どんな外見で、どんな音で、どんな匂いだろうか？

目標は具体的に肯定形で表現し、それを必ず達成すると自分に言い聞かせよう。また、目標に向かって邁進するとき、結果だけでなく努力に対しても何らかの報酬を与えよう。1週間か1カ月前と比べて、あなたはずっと前進したのだから。

目標達成を促進する他のアドバイスを紹介しよう。

- 目標を書いた小さなカードを財布に入れて持ち歩き、1日に4、5回それを見る。
- 「やることリスト」を作成し、そのためのステップと所要時間を記入して、それぞれの課題に締め切りを設定する。
- 仕事、精神、健康、家族、社交、経済などの人生の各分野で目標のバランスをとる。

Question

1　**自分の人生が10年後にどうなってほしいか?**

2　**10年後の目標に近づくためには、5年後までに何を成し遂げるべきか?**

3　**5年後の目標に近づくために、1年後までには何を成し遂げるべきか?**

4　**1年後の目標に近づくために、3カ月後までには何を成し遂げるべきか?**

5　**3カ月後の目標に近づくためには、今、何をすることができるか?**

Exercise

少なくとも3つの目標を書いて行動を起こそう。

明確な目標を紙に書いている人は、そうでない人よりも短い期間ではるかに多くのことを成し遂げることができる。

ブライアン・トレーシー（アメリカの講演家、著述家）

目標とは、締め切りを設定した夢のことである。

ナポレオン・ヒル（アメリカの自己啓発の大家）

39

エネルギーを奪うものを避ける

成功と幸福を手に入れるうえで、エネルギーは非常に重要である。

あなたの人生の中には、「エネルギーを与えてくれるもの」と「エネルギーを奪ってしまうもの」がある。エネルギーの大切さを軽んじてはいけない。私はクライアントとのやりとりの中で、エネルギーを与えてくれる活動を重視し、エネルギーを奪ってしまう活動を避けるように指導している。

低いエネルギーで活動しているとき、あなたはいい気分ではなく、低い波動を発している。だから、その波動に合致しているものを引き寄せてしまう。

たとえば、不健全な食生活、アルコール、ドラッグ、カフェイン、砂糖、タバコ、運動不足、ネガティブな心の姿勢、皮肉な発言、あいまいな目標、ニュース、ゴシップ誌などのように、エネルギーを奪ってしまうものは遠ざけたほうがいい。

友人や知人、同僚、さらに家族の中にもいるかもしれない「エネルギーの吸血鬼」には要注意だ。自分のエネルギーを奪ってしまう人たちとわざわざ一緒に過ごす必要があるだろうか。

自分の大切なエネルギーを管理することについては、いくら用心してもしすぎることはない。

Exercise

ふだんの生活の中で、自分のエネルギーを奪っている人や物、活動を明らかにしよう。それについてどんな対策を講じればいいだろうか？

エネルギーと粘り強さがあれば、どんな困難でも克服することができる。

ベンジャミン・フランクリン（アメリカの政治家、発明家、著述家）

40

不適切な人たちと付き合うのをやめる

日ごろ一緒に過ごしている人たちを観察するといい。

「あなたはふだん一緒に過ごしている5人の人物を平均した存在だ」という自己啓発の大家ジム・ローンの指摘を真剣に受けとめよう。最高のものを引き出し、モチベーションを高め、自分を信じてくれる人たちと一緒に過ごそう。心の姿勢は伝染することを肝に銘じる必要がある。

周囲の人はあなたを励まし、勇気づけ、正しい行動をとるのを手伝ってくれる可能性もあるが、あなたの足を引っ張り、エネルギーを奪い取り、目標の達成を妨げるおそれもある。ネガティブな人とばかり付き合っていると、あなたもやがてネガティブな人になる。彼らはリスクをとるのを嫌うので、あなたに現状のままでいいと呼びかける。

いつも悲観的な物の見方をする人、他人のせいにする人、不平不満の多い人とは距離を置こう。他人の陰口を言う人や何事についても否定的な意見を言う人も同様だ。

周囲の人にたえず足を引っ張られているかぎり、成長して繁栄を築くことは至難のわざである。

では、もしそういう人が身近にいればどうすればいいか。最善の策は、自分を磨いてよりよい人物になることだ。あなたが成長すれば、ネガティブな人の目的にかなわなくなるから、まもなく彼らはあなたから遠ざかっていく。そういう人たちは自分のネガティブな態度に同調してくれる人を必要としているので、あなたがそういう人でなくなれば別の人を探し求める。

もしこの方法がうまくいかないなら、そういう人たちとの付き合いを制限するか完全にやめるべきかを自問する必要がある。それはあなた自身がくださなければならない決断だ。私自身の経験から、それをして後悔することはないと断言できる。

Exercise

1 **自分がふだん付き合っている人たちを列挙しよう。**

2 **誰が自分を支えてくれて、誰が自分の足を引っ張っているかを見極めよう。**

3 **自分を支援してくれる人たちと付き合い、自分に悪影響をおよぼすおそれのある人たちとは距離を置こう。**

41

自分の過去の功績をたたえる

これはたいへん重要な項目である。

自信を高めるためのエクササイズの1つを紹介しよう。その目的は、自分がこれまで成し遂げてきたことを意識して気分を高揚させることだ。私たちはうまくいかないことにたえず意識を向けがちだから、自分の過去の功績を忘れてしまっている。あなたには素晴らしい功績がすでにあるはずだから、この項目では過去のさまざまな功績に意識を向け、目標を達成してさらに功績を挙げるための起爆剤にしよう。

ここで、あなたに質問をしよう。

これまでどんな素晴らしいことをしてきただろうか？

あなたは学校を卒業し、旅行に出かけ、立派に仕事をし、よい友達をたくさんつくった。もしかすると、しばらく1人で外国に暮らしたこともあるかもしれない。

あるいは、つらい子ども時代を過ごして逆境を乗り越えてきたかもしれない。素晴らしい子どもを育てたかもしれない。どんな試練を乗り越え、どんな功績を挙げようと、しばらく過去を振り返ってそれを祝福しよう。

ほしいものに意識を向けることに関する項目（第28項）を覚えているだろうか。この場合、過去の成功を思い出すほど、ますます自信がつくことを意味している。成功に意識を向けているから、成功の機会をますます多く見つけることができる。

リストをつくろう。過去の成功を思い浮かべよう。自分を励まして「よくできた」と言い聞かせよう。成功を思い出すことで、そのときの精神状態になり、再び心の中で成功を体験して、過去の感情をよみがえらせよう。

Exercise

1　自分のこれまでの成果を列挙しよう。

2　それを声に出して読み上げ、自分が成し遂げたことに気分をよくしよう。

自分の人生を祝福すればするほど、祝いたくなることがどんどん増える。

オプラ・ウィンフリー（アメリカの司会者）

42

信頼できる人と協力関係を築く

自己啓発の大家ナポレオン・ヒルは、100年近く前にマスターマインドについて指摘した最初の人物である。彼はそれを「2人以上の人たちが協調しながら明確な目標を達成するために知識と努力を提供し合うこと」と表現している。

マスターマインド・グループとは、たとえば仕事の成功のように共通の目標を持ち、お互いに助け合う人たちのことである。素晴らしいことに、たった2人でも知恵を出し合うと、1＋1が2ではなく10にも20にもなる可能性がある。

彼らは定期的に会って話し合い、さらに大きな成果を上げるように励まし合う。マスターマインドの会合を開く方法に決まりはないが、週に1回集まることが最大の恩恵をもたらすようだ。直接会ってもいいが、技術の進歩のおかげで電話やスカイプ、インターネットでマスターマインドの会合を開くこともできる。

各メンバーは自分の考え方や目標、結果を発表し、相手の意見や助言を求める機会を得ることができる。マスターマインドの会合は大きなインパクトを持ち、それによって得られる勢いは、ときに数カ月も続く。

マスターマインドの会合がもたらす恩恵を列挙しよう。

- 次の会合までに計画を練ることができる
- その計画にもとづいて行動することができる
- 精神的な支援を得ることができる
- 自分のことを思ってくれている人に建設的な批判をしてもらうことができる
- 1つのテーマについてさまざまな考え方にふれることができる
- 停滞を避けて成長するための発奮材料にすることができる
- 明晰に考えるきっかけにすることができる

同じような状況を経験した人が善意でアドバイスをしてくれる機会ほど大きな恩恵をもたらすものはない。ぜひマスターマインドの会合を定期的に開こう。

43

仕事に意義を見いだす

第36項で述べたとおり、「アメリカの職場レポート」という世論調査で、大多数の人が仕事を嫌っていることがわかった。その場合、転職するか不幸であり続けるかという2つの選択肢が一般的だが、3つめの選択肢として、仕事に意義を見いだすという方法もある。

基本的に、仕事には3種類ある。

1 **労働** モチベーションは給料をもらうことである。その場合、仕事は雑用みたいなものだ。あなたはたいてい仕事を楽しんでおらず、いやいや労働に従事している。

2 **キャリア** モチベーションはお金、昇進、名誉、権力である。それは頂点をめざす競争であり、あなたは勝つためにがんばっている。昇進を果たしたら、また次の昇進をめざすことになる。

3 **天職** 幸運にも、あなたは天職に就き、自己実現をめざし、仕事を特権とみなしている。いつもしたいことをして、もっと仕事をすることを楽しみにしている。金曜日が来たら少し悲しくなり、日曜の午後には翌日から仕事を再開できることにワクワクしている。と言っても、たいていの場合、あなたは土日も何らかのかたちで働いている。

朗報を紹介しよう。

あなたがどんな仕事をしているかは関係がない。大切なのは、自分の仕事をどう見るかだ。このテーマについては多くの研究がある。たとえば、病院の清掃員は自分の仕事を天職とみなし、病院の中でスタッフや患者のために重要な役割を担っていると考えることもできる。一方、医者が自分の仕事を労働とみなし、いやいや仕事をしていることもある。もちろん、自分の仕事を天職とみなしている医者もいるし、自分の仕事を雑用とみなしている清掃員もいる。

どんな仕事にもポジティブな要素があるのだが、多くの人にはそれが見えていない。結局、大切なのは、自分の仕事をどう見るかである。

もし働く意欲を失ったら、現在の仕事に意義を見いだそう。場合によっては転職して次の仕事に意義を見いだすことになるかもしれないが、とにかく仕事に対する見方を変えることが大切である。

44

自分で幸運をつくり出す

なぜ一部の人はいつも幸運に恵まれ、その他の人たちは不運にさいなまれるのか？

イギリスの著名な心理学者リチャード・ワイズマン博士は「運」について研究し、次のような結論に達した。

「運というものに科学的根拠はない。唯一の違いは、自分は幸運だと思うか不運だと思うかである。言い換えれば、自分にいいことが起こると予想するか、悪いことが起こると予想するかである」

これは非常に含蓄のある言葉であり、肝に銘じる価値がある。

ワイズマン博士はどうやってこんな結論に達したのだろうか？

ある研究で、被験者たちに新聞を通読し、掲載されている写真の数を数えるように指示した。自分は不運だと思っていた人たちは答えを出すのに平均2分かかったが、自分は幸運だと思っていた人たちはほんの数秒で答えを出した。なぜなら、その新聞の2頁目に大きな字で「この新聞には43枚の写真が掲載されている」と書かれていたからだ。

その答えはあまりにも明白だったが、自分は不運だと思っていた人たちはそのメッセージを見落とし、自分は幸運だと思っていた人たちはそれを見た。

さらに、博士は新聞の中ほどに「実験者に『これを見た』と言えば、250ドルが当たる」という別のメッセージを書いておいた。やはり、自分は不運だと思っていた人たちはチャンスを見落とし、自分は幸運だと思っていた人たちはチャンスをつかんだ。

このように、幸運か不運かは、いいことが自分の身に起こることを予想しているかどうかという問題にすぎない。ネガティブな物の見方をしているかぎり、脳はチャンスに気づかないのだ。

物の見方がポジティブなら、脳はチャンスを見つけてつかむことができる。繰り返すが、**私たちの予想が現実をつくり出すのである。**よい結果を予想するなら、脳はそれにいち早く気づくことができる。

幸運な人は幸運が訪れるのを待つのではなく、
創意工夫して自分で幸運をつくり出す。

タル・ベン・シャハー（心理学者、ハーバード大学講師）

Part 4

時間を管理する

45

時間を賢く使う

あなたはいくら時間があっても足りないと思っていないだろうか。もしかすると、1日が28時間あればいいと思っている人たちの1人ではないだろうか。

しかし残念ながら、1日は誰にとっても24時間しかない。そこで時間を賢く使うことが重要になってくる。

多くの人は「忙しくて時間がない」と口ぐせのように言う。時間を確保する最も確実な方法は、毎日のテレビの視聴時間を1時間減らすことだ。これによって1年間に365時間を確保できる。1週間で7時間も増えたら、あなたは何をするだろうか。時間を確保するもう1つの方法は、1時間早く起きることだ（第48項を参照）。

優先順位を決めて、どの活動に時間を投資するかを選択しよう。明確なルールを決め、他人に時間を奪われないように気をつける必要がある。興味深いことに、自分の時間を大切にすると、周囲の人もあなたの時間を大切にしてくれるようになる。一方、いつも周囲の人のために時間を割いていると、自分の時間を大切にしていないという印象を与え、仕事を頻繁に中断させられてしまい、いくら長時間働いても仕事を終えられなくなる。

最近の研究では、5分間の中断のたびに12分間のロスタイムが発生することがわかっている。なぜなら、脳が再び仕事に集中するためには7分かかるからだ。

毎日、何回くらい仕事を中断しているだろうか。中断の回数を減らせば、どのくらいの時間を取り戻せるか計算しよう。3分間の中断のたびに10分間のロスタイムが発生するから、1日の就業時間に12回の中断があると2時間も空費することになる。これは1カ月で1週間の労働時間に相当する。周囲の人に時間を奪われないための明確なルールを決めよう。

私の時間管理の最大のテクニックは、毎週の仕事の目標と個人的な目標をエクセルに記入することだ。そのさいに仮眠や読書、瞑想といったリラクゼーションの時間を取り入れることを忘れてはいけない。また、就寝前の15分間を利用して翌日の計画を立てている。そうすれば、睡眠中に潜在意識がその計画に取り組んでくれる。これはじつに合理的なやり方だ。なぜなら、翌日のスタートを切るとき、ほとんど考えなくても仕事に取りかかることができるからである。

時間を節約する簡単なコツをさらに紹介しよう。

- 日付と所要時間を記入した「やることリスト」を作成する。
- 1回の通話時間を5分に限定する。
- 時間と競争しながら働けば、仕事をより速く終えることができる。
- 毎晩、翌日にしたい5つのことを書き、それを優先順位に従って列挙する。
- 自分の時間の使い方を把握する。
- いやな作業を最初にする。
- 忙しくするのではなく、結果を追い求める。

次の時間泥棒に気をつけよう。

- 課題をやり遂げるための情報がない。
- 自分ですべてをしようとする（場合によっては誰かに仕事をふることも必要だ）。
- 注意力が散漫になりやすい（仕事に集中しよう）。
- 通話時間が長すぎる（通話は5分に限定しよう）。
- ファイルを探して時間を浪費する。

・物事をいつも同じやり方で処理し、より効果的な方法があることに気づいていない。
・メールやSNSに夢中になる。

では今後、あなたはどうすべきだろうか。

いつまでも「時間がない」という言い訳をし続けるか、新しいやり方で時間を賢く使うか。それはあなた自身が決定し実践することだ。

Exercise

時間を賢く使うために実行すべきことを5つ書こう。

46

整理整頓をする

いつもバタバタするばかりで、整理整頓をおろそかにしていないだろうか？

机の上に書類が山積みになっていないだろうか？

たえず忙しくして落ち着かず、どんなに時間があっても仕事を処理しきれないと感じていないだろうか？

もしそうなら、この項目をよく読んでほしい。


忙しくて整理整頓する時間がないのではなく、整理整頓を怠っているからバタついてしまうのだ。忙しいからといって、仕事をテキパキとこなしているわけではない。机の上に書類が山積みになっているからといって、一生懸命に働いているわけではない。企業の重役が就業時間の3割から5割を書類探しに費やしているという報告があるくらいだ。

そこで、次のことを実行しよう。これはあなたの人生を変えることになるはずだ。

- 就業時間の最初の15分間を使って、その日にすべきことの優先順位をつける。
- 書類の整理に週に1時間を費やす。

- 1日に15分を費やし、不要な書類を捨てて机の上を整理整頓する。
- 1日の最後の15分を使って翌日の作業の予定を立てる。

同僚がいつも仕事を迅速に処理しているのだが、作業が徹底していないので、あとになってやり直しをせざるを得ないパターンを経験したことはないだろうか。そういう人は15分かけて仕事を正確に処理するのではなく、5分で急いで処理したあとで30分かけてやり直すことになるから、本来なら15分で済む作業が35分もかかってしまうのだ。だから1回できちんと処理しよう。

本書の他のすべてのことと同様、「それは私にはあてはまらない」という言い訳は成り立たない。異論を唱える前に、少なくとも2週間は試してみよう。

47 いやな依頼はきっぱりと断る

私の人生を大きく改善した小さなテクニックは、他人を喜ばせるのをやめて自分らしく振る舞うと決めたとき、いやな依頼はきっぱりと断るようにしたことだった。いやな依頼に「ノー」と言うたびに、自分に「イエス」と言うことができるのだ。

私は「ノー」と言えるようになるまで、友人たちといやいや付き合い、興味のないイベントに同行したものだ。その結果、現地に行っても心の中では別のことを考えていた。だから正直に言って、友人たちは私と一緒にいても楽しくなかったはずだ。

「ノー」とはっきり言うと決意したとき、私はとても気分がよくなった。最初、「ノー」と言うのは難しかったが、慣れたら言えるようになった。その結果、実際に友人たちと一緒に過ごしたとき、その場にいることを心から楽しむことができた。

そのインパクトは仕事面ではさらに大きかった。スペインで働き始めたとき、好かれようとして頼みごとにいつも「イエス」と言っていた。その結果、仕事をいっぱい引き受けて、くたくたになった。じつは、その大半が誰もしたがらない仕事だったのである。

しばらくして「もうこりごりだ」と思った。そこで、無理な頼みごとには「申し訳ないが、今はとても忙しいから、引き受けることはできない」と言うようにした。その結果、仕事が順調に行き、たくさんの時間をつくれるようになった。

相手に「ノー」と言うとき、罪悪感を抱く必要はない。相手に対する個人的な感情によるものではなく、自分の事情であることを相手に説明しよう。それ以降、時間的な余裕がある場合だけ、同僚の頼みごとを引き受けることにした。

突然、私は人生の主導権を握れるようになった。

これは利己的だろうか？　たしかにそういう見方もできるかもしれない。しかし、自分の人生で最も大切なのは誰なのかを思い出そう。それは自分自身だ。だから自分の調子がいいことがいちばん重要なのだ。自分の調子がいいときに初めて、他人を手助けすることができる。

まず自分を大切にしよう。自分を犠牲にしてまで好かれようとする必要はない。無理な頼みごとに「ノー」と言えば、人生はずっと快適になる。

Exercise

断りたい頼みごとをすべて書き出そう。

48

マスメディアを避ける

当然、あなたは早く進歩を遂げたいはずだ。そこで、膨大な時間と労力を節約する方法を紹介しよう。

毎日、テレビの前で何時間ぐらい過ごしているだろうか。平均的な人は1日に4、5時間もテレビを見ているから、週に28～35時間という計算になる。テレビを見なければ、膨大な時間が節約できて、しかもさらに素晴らしい恩恵が得られる。テレビはエネルギーを奪い取る大きな要因なのだ。あなたはテレビを見たあとでエネルギッシュになるだろうか。

まず、ニュースを見るのをやめよう。もっといいのはテレビを見るのをやめることだ。なぜわざわざネガティブなものにさらされる必要があるのだろうか。テレビで垂れ流している膨大なくだらない情報に接してはいけない。テレビを見る習慣をやめて健全な習慣と取り換えよう。たとえば、散歩に出かける、家族と過ごす、良書を読む、などなど。

かつて私は通勤電車の中で、その日の朝にテレビで見たニュースの内容に気分を害し、「政治家の発言や中央銀行の政策、どこかの国の戦争のためにストレスがたまった状態で出勤することに耐えられない」と思い、ニュースを見るのをいっさいやめた。それからわずか

1週間後、私はすこぶる気分がよくなった。

信じられないかもしれないが、あなたも試してみるといい。1週間、ニュースを見るのをやめて、自分がどんな気分になるかを確かめよう。

だからといって、社会の動向に対して無知でもいいと言っているのではない。社会の動向を知りたければ、新聞を読めばいいのだ。私は見出しを流し読みすることをおすすめしたい。いずれにせよ、重要な出来事については家族や友人、同僚が教えてくれる。自分の精神状態を乱すようなニュースをどれだけ知るかについては取捨選択したほうがいい。

テレビのニュースを見るのをやめる理由がもっと必要なら、メディアがどのように大衆を心理操作しているかを解説している本を読もう。自分がふだんさらされる情報をコントロールしよう。それが自分の人生にとってプラスになるように気をつける必要がある。

くだらないテレビ番組を見るのをやめて、ドキュメンタリー映画（知識が増える）や喜劇映画（気分転換になる）を観よう。車中でラジオニュースを聞くのをやめて、モチベーションを高めるCDを聴こう。

49

1時間早く起きる

クライアントが「時間がない」と言ったら、私はすかさず「毎日、テレビを何時間見ていますか？」と質問する。

テレビを見るのをやめても時間がないなら、私は1時間早く起きることを提案している。1時間早く起きることのメリットは、年間365時間も確保できることだ。

日の出前の時間には特別なエネルギーが秘められている。

毎朝、5時半か6時に起きるようになってから、私の人生は完全に変わった。日中、ストレスをためこまなくなり、いつも落ち着いて生活できるようになったのだ。早朝、朝日を浴びながら30分ほど散歩することを日課にしているが、この習慣は私をとても幸せな気分にしてくれる。

早起きのもう1つの効用は、自分を律しているという誇りが生まれて自尊心が高まることだ。歴史上の多くの成功者が早起きを実行していたし、今でもそれは変わらない。たとえば、マハトマ・ガンジーやネルソン・マンデラ、バラク・オバマがそうだ。もちろん、それ以外にもたくさんいる。

6時間の睡眠と午後の1時間の仮眠を組み合わせれば十分であることが科学的に証明されている。どのくらい心身が爽快になるかは、睡眠の量ではなく質に左右される。心身が爽快になるには何時間の睡眠が必要かは自分で確認する必要があるが、私の提案をぜひ試してほしい。生活の質が大きく向上するはずだ。

早起きが新しい習慣である場合、しばらく試して疲れを感じたからといって最初の週であきらめてはいけない。新しい習慣が定着するには3、4週間かかる。1時間早く起きることがどうしても難しいなら、まず30分だけ早起きしよう。

早起きに関しては心の姿勢が大きな意味を持つ。私の経験では平日に7、8時間の睡眠のあとで6時45分に起きるのがつらかったが、休みの日にどこかに出かけるときは、たいてい4時間の睡眠のあとでアラームが鳴る前にワクワクして飛び起きていた。これは自分でもたいへん不思議だった。

ぜひライフスタイルを朝型にして快適な1日のスタートを切ろう。その決断はあなた次第だ。

50

余裕のある約束をして、早めに成果を上げる

これは私が学んだ中で最高の時間管理のコツである。おかげで仕事のストレスがほぼゼロになった。

かつて私の仕事のストレスの大半は締め切りによるものだった。当時、私の部署は商品の配送を担当していて、顧客に届けるまでに数日かかったが、繁忙期にはこれは大きなストレスになった。

私たちはたいてい期日に間に合わせていたが、ときには数時間遅れることがあり、激怒している顧客をなだめるのがたいへんだった。

遅配の9割以上が数時間程度のことなので、私は上司の許可を得て独自の配送スケジュールを組んだ。たとえば、配達日が4月5日なら、顧客には「4月10日までにお届けします」と約束するようにした。その結果、たとえ配達が4月7日になっても、顧客は激怒するどころか、3日早く配達してくれたことに感謝してくれた。

このやり方で私たちは遅配率をほぼゼロにすることができた。これが功を奏したので、私はそれを仕事とプライベートの両方に応用することにした。

たとえば、上司が3日かかるプロジェクトを指示したら、私は「5日後には仕上げます」と約束した。もし4日後に仕上げたら、上司は喜んでくれるし、5日後になっても期日どおりだから、週末に職場で過ごす必要はなくなった。

仕事からの帰りが遅くなりそうなとき、私は「夜の9時には帰る」と妻に伝えるようにした。その結果、8時半に帰宅すると、妻は私をまるで英雄のように出迎えてくれた。

ただし、これは上手にやる場合に限定される。あまり頻繁にやると、相手に見透かされてしまうから要注意だ。

51

どんな約束にも10分前に到着する

時間を守ることは、他人への敬意の証しである。時間を守らないなら、どんなにいい人でも少し横着な人物という印象を与えかねない。

どんな約束にも10分前に到着することが大切だ。他人への礼を失しないようにという配慮からではなく、自分が気分よく過ごせるからである。私は約束の時間を守るようになって、10分間の余裕が心の平和につながることに気づいた。

現地に着いたとき、私はあわてていないから10分間で心を落ち着け、環境に慣れ、リラックスすることができた。約束の場所に10分前に着くと、快適な気分になり、自分のプロ意識の高さを感じ、礼儀正しく振る舞うことができる。実際、今では時間どおりに到着すると居心地が悪くなる。これを試して自分の人生にプラスになるかどうか確かめてみよう。

誰かを待たせているあいだ、相手はあなたの欠点について考えている。

フランスのことわざ

52

電話の奴隷にならない

電話が鳴るたびに出る必要はない。
あなたの電話は相手のためではなく、あなたのための道具だ。電話が鳴っても作業を続けて、メッセージはボイスメールに入れてもらおう。

かなり前のことだが、電話が鳴っても取らなかったとき、私はとても不安になった。何かを失っているように感じたからだ。ルームメートのポールはその点についてずっと冷静だった。彼は自分がその気になったときだけ電話に出て、その気にならないときは電話を無視して作業を続けた。

私はそういう態度が好きになり、「絶対に必要なことなら、またかけてくるだろう」と自分に言い聞かせることにした。実際、本当に重要な用件なら、相手はあきらめずに何回もかけてくるものだ。

53

家族ともっと一緒に過ごす

ウォルト・ディズニーは「仕事のために家庭をないがしろにしてはいけない」と言った。そんなことは当たり前だと思うかもしれないが、この点についてはここで力説する必要がある。というのは、企業の管理職の人たちに話を聞くと、家族と一緒に過ごす時間があまりないという答えがよく返ってくるからだ。

オーストラリアの看護師ブロニー・ウェアによると（第100項を参照）、死に直面している人たちの5つの最大の後悔の1つは、家族との時間を犠牲にして職場で多くの時間を過ごしすぎたことだ。あなたはそうなってはいけない。だから、今日から家族と一緒に過ごす時間をつくろう。すでに家族と一緒に過ごしているなら、本当の意味で家族のきずなを大切にする必要がある。

昨年、家族でフロリダ州の行楽地を訪れたとき、ばかげた光景を見かけた。3人で散歩をしている家族がいて、父親が先頭に立って携帯電話で仕事の話をし、妻と娘が悲しそうな表情をして後ろを歩いていたのだ。その気持ちはよくわかる。しかも、その日は日曜日だった。

まるで漫画に出てくるような光景だったが、それはとてもリアルで、見ていて切なかった。家族を大切にし、いつも愛し合い、支え合って暮らしていこう。そうすれば、自尊心が高まり、自信がみなぎる。

Exercise

もっと家族と一緒に過ごす時間をどうやって見つければいいか？
そのためにはどんな活動をやめる必要があるか？

54

ゆっくりくつろぐ

ペースの速い生活を送って大きなストレスを抱えている現代人にとって、生活のペースを落として休養をとることはますます重要度を増している。

ときおり自然とふれあいながら、ゆっくりくつろいで充電しよう。1週間のスケジュールにリラクゼーションの時間を取り入れよう。機会があれば、それを週末に実行し、テレビやインターネット、ビデオゲームとは完全に距離を置こう。

私の今までの最高の休暇は、南フランスのミディ運河でボートに乗ったことだった。携帯電話もテレビもインターネットもない環境で、妻と一緒にアヒルたちを眺めながら過ごした。ボートの最高速度は時速8キロだから、文字どおり、ゆっくりくつろぐことができた。というか、そうせざるを得なかった。

運河を進んでいると、すぐそばの道で自転車に乗った子どもたちが追い抜いていった。通過した村々にはスーパーマーケットが見当たらなかったので、「どうやって食料を手に入れたらいいだろうか？」という疑問がわいた。

しかし、心配する必要はない。どこにも必ず食料品店がある。私たちにとって、船の上で食べたり、港で夕日を見ながら食事をしたりしたのは素晴らしい経験だった。ブドウ畑の真ん中で夕食をとったこともある。朝、小さな村で焼きたてのフランスパンを食べたのも楽しい思い出だ。私たちは日の出とともに起きて、日の入り後にチェスをしてから寝た。妻は「アヒルたちとともに起きて、アヒルたちとともに寝た」と言っていた。

休みをとって自然とふれあおう。それは遠方への長旅である必要はない。森の中や浜辺、公園でもいい。どんなにリフレッシュした気分になるかを体感しよう。あるいは、公園のベンチや芝生で仰向けになり、青空を眺めよう。

ときおり休みをとってリフレッシュすることがどんなに重要か理解できただろうか。あなたはどんなことをしてくつろぐだろうか。

Exercise

今すぐ予定表にリラクゼーションの時間を組み入れよう。

55

通勤時間を活用する

毎日、通勤のために自家用車や公共の交通機関でどのくらいの時間を費やしているだろうか？

統計によると、1日に60～90分である。1カ月に換算すると20～30時間になる。「時間がない」とはもう言わないでほしい。1カ月に20～30時間の読書タイムが見つかったのだから（バスや電車に乗る場合）。

自家用車の場合、その時間を活用してオーディオブックを聴けばいい。ラジオでネガティブなニュースを聞いたり、それについて新聞を読んだりするのではなく、やる気がわいてくるCDを聴いたり本を読んだりしたら、どんなに大きな恩恵を得ることができるだろうか。

時間は私たちが最も必要としているものだが、
最もへたな使い方をしているのが実情だ。

ウィリアム・ペン（イギリスの実業家）

56

1回に1つの仕事に集中する

1回に1つのことをしよう。最近の複数の研究によると、同時にいくつかの仕事をするのは、1回に1つのことに集中するより非生産的だと指摘している。むしろ仕事のスピードが鈍ると指摘している研究もあるほどだ。

たとえもし同時にいくつかの仕事をしていると自分で思っていても、実際には1回にひとつのことしかしていない。5つの仕事があっても、1回に5つの仕事を同時にすることはできないはずだ。

たとえば、メールを書いているときに電話がかかってきたら電話をとり、電話を切ってからメールの続きを書くはずである。同僚が質問に来たら、メールを書くのをやめて質問に答えるという具合に、いくつかの仕事に同時進行で取り組むのは効率的ではない。

そんなわけで同時にいくつかの仕事をしようとしてはいけない。1回に1つのことに集中するほうがずっと効率的だ。

Part 5

自尊心を高める

57

自分の人生を送る

自分の人生を送ろう。他人にどう思われようと気にする必要はない。他人の思惑を気にかけすぎると、自分の人生を送ることができなくなる。自分がしたいことをしよう。他人と違う自分らしい生き方をする勇気を持とう。

Exercise

今、どの分野で自分の人生を送っていないかを検証しよう。

あなたの時間は限られているから、
他人の人生を生きて自分の時間を浪費してはいけない。
他人の考え方に従って生きる必要はない。
他人の意見に惑わされて自分の内なる声をかき消してはいけない。
そして最も重要なのは、自分の直感に従って生きる勇気を持つことだ。

あなたの心は自分が本当になりたいものは何かを
どういうわけかすでに知っている。

スティーブ・ジョブズ（アメリカの実業家、アップルの創業者）

誰もが他人がどう生きるべきかについて明確な考えを持っているようだが、
自分がどう生きるべきかをはっきりわかっている人はほとんどいない。

パウロ・コエーリョ（ブラジルの作家）

58

セルフイメージを高める

セルフイメージは自分の人生に大きな影響をおよぼす。それは好影響の場合もあれば悪影響の場合もある。だからこそ、ポジティブなセルフイメージを持ち、ポジティブなセルフトークをすることが非常に重要なのだ。

毎日、自分に「私は賢くて価値のある存在だ」と言うか、「私は愚かで価値のない存在だ」と言うか、あなたはどちらをしたいだろうか？

セルフイメージは、子どものころに親や兄弟、親戚、教師、友人、知人、見知らぬ人に言われたことに由来する場合が多い。しかしだからといって、それを真実として受け入れる必要はないし、それを変えることができないわけではない。

セルフイメージはあなたのすべての言動に大きなインパクトを与える。また、人生をどのように経験するかもセルフイメージによって大きく左右される。だからもし人生がうまくいっていないと感じているなら、ポジティブなセルフイメージを持ち、ポジティブなセルフトークを実践しよう。たとえば、毎日、鏡の前で30秒ほほ笑むとか、勇気がわいてくる言葉を自分にかけよう。

あなたは他人の振る舞いを見て、その人について結論をくだすのと同様、自分の振る舞いを見て、自分について結論をくだす。だからもし自分が健全な自尊心を持つ人物として振る舞えば、自尊心はおのずと高まる。その結果、あなたは「自分は自信を持っている」と思うようになり、ますます自信が高まる。

いったん自分が多くのことを成し遂げることができると気づいたら、あなたは「思っていたよりも能力がある」と自分に言い聞かせるようになる。こうしてあなたの自尊心はますます高まり、ますます幸せを感じ、やがて成功が手に入る。

59 自分を責めない

私たちは過去の過ちのために自分を責める傾向がある。だが、それは自分にとってプラスになるだろうか？　もちろん、そんなことはない。

自分が完璧ではないことを受け入れよう。あなたは永遠に完璧にはならないが、それでいいのだ。だから自分を責めるのはきっぱりとやめよう。これは幸せで充実した人生を送るのを妨げている最大の要因の1つである。

私たちが人生でみじめな思いをしている理由は、間違いを犯した自分を処罰しなければならないと無意識に思っているからだ。

私はずっと前に、自分を責めるのをやめた。そして、それでよかったと思っている。現在、私はいつも最善を尽くすために努めている。だからといって、自分の間違いを反省しないわけではない。もし自分の間違いを修正できるなら、そうしているが、それができないなら、それを受け入れて同じ間違いを繰り返すまいと誓っている。

これはそんなに難しいことではない。では、その秘訣を紹介しよう。

1　あるがままの自分を受け入れる
2　自分を許す
3　自分をもっと大切にする

これだけのことである。じつに単純明快だ。

Question

1　人生のどの分野で自分を責めているか？
2　自分を責めてどんな得をするか？

60

完璧主義ではなく「最善主義」をめざす

すべてが完璧でなければならないと思い込んでいるなら、あなたは非常に不幸になるおそれがある。なぜなら、完璧であることは不可能だからだ。もちろん、それに近づくことはできるが、完璧であることは不可能だという事実を受け入れなければならない。

朗報を紹介しよう。あなたは完璧である必要はない。

完璧主義をやめると、大きな恩恵を得ることができる。ハーバード大学の心理学者タル・ベン・シャハー博士は、完璧主義ではなく「最善主義」を提唱している。完璧主義が一時的な満足をもたらすのに対し、最善主義はそれよりはるかに高い永続的な満足をもたらす。もちろん、どんなに最善を尽くしても、ときおり挫折を経験することは避けられないが、適応力があるから、状況にうまく対処できる。

完璧主義者にとっては、物事はいつも全か無かである。たとえば、完璧な書類を提出するか、何も提出しないか。完璧な本を書くか、何も書かないか。このように完璧主義は非常に好ましくない態度であり、自滅を招くおそれすらある。

ただし、完璧が求められる状況もある。たとえば、手術のように命にかかわる状況がそうだ。しかし、他の多くの場合、完璧である必要はない。

具合の悪いことに、完璧主義は自尊心を台無しにする。なぜなら、自分は失敗しているという思いがつねにつきまとい、自分をすんなり受け入れることができなくなるからだ。たえず自分を失敗者とみなしていると、健全な自尊心をはぐくむことは至難のわざになる。完璧主義者は思い切って何かに挑戦しようという意欲に欠けるから、いっこうに充実感が得られず、成功と幸福を手に入れることができない。

完璧主義者は人間関係でもうまくいかない。なぜなら、周囲の批判に非常に敏感なために、たえず身構えてしまうからだ。さらに具合の悪いことに、自分のパートナーにも完璧を期待するので、相手を受け入れられずに不満を抱きやすい。

完璧主義者は不安とストレスにさいなまれる。なぜなら、失敗するのではないかとたえず恐れているからだ。

完璧主義者は大切なことを先延ばしにする傾向がある。なぜなら、行動を起こさないかぎり、失敗せずに済むと考えているからだ。たとえば、完璧ではないという理由で書類を完成させようとせず、いつまでもグズグズする。だから生産性を高めることができない。

では、完璧主義はどうすれば克服できるだろうか？

1 自分が完璧主義に陥って行動を起こせずにいることに気づく。
2 失敗しても、1年後、あるいは10年後に大きな意味を持つかどうか考える。
3 失敗しても再挑戦すればいいというふうに気持ちを切り替える。
4 自分の弱みを受け入れ、完璧でなくてもいいと考えて行動を起こす。
5 自分が最善を尽くしている様子をイメージする。
6 課題に一生懸命に取り組み、「よくない部分はあとで改善すればいい」と考える。
7 あまり考えすぎずに思い切って取りかかる。
8 たとえ完璧にできなくても、自分にもっとやさしくする。

もちろん、これは手を抜いてもいいという意味ではなく、最善を尽くすかぎり、完璧にできなくてもいいという意味である。

もし自分が完璧主義に陥っていることに気づいたら、以上の点についてよく考えてみよう。気をつければ、完璧主義は徐々に直る。

完璧主義者は「する価値のあることは、へたでもいいからする価値がある」という格言を知らないらしく、「よくやった。これで上出来だ」とは絶対に言わない。彼らは創造の喜びを知らないのだ。いや、人生の喜びを知らないと言ってもいい。完璧主義はじつに深刻な問題だ。

ジュリア・キャメロン（アメリカの作家）

何かに取りかかる前に、それを完璧にしようとして膨大な時間を費やしている人があまりにも多い。完璧でなくてもいいから取りかかり、あとで修正すればいいのだ。

ポール・アーデン（イギリスの広告クリエーター）

完璧主義者は創造性を抑圧し、卑屈で不満の多い生涯を送るはめになる。一方、健全な努力家は創造性を存分に発揮し、快適な人生を送ることができる。

アン・ラモット（アメリカの作家）

61 自分を好きになる

たいていの場合、あなたは他人のいいところを見ているが、自分のいいところを見ていない。しかし、人生で最も重要な人間関係は自分との関係である。もし自分が好きではないなら、他人があなたを好きになるだろうか。自分が好きではないのに、他人を好きになることができるだろうか。

多くのクライアントと話していて気づくのは、問題の根源が自信不足だということだ。では、どうすれば自信をつけることができるだろうか？

まず、あるがままの自分を受け入れよう。あなたは完璧である必要はない。1人で過ごす時間を大切にしよう。あわただしい日常生活から逃れる場所を見つけよう。自分を受け入れることが幸福の条件だ。これはいくら強調してもしすぎることはない。自分の人間としての価値を認めよう。

間違いを犯したら、それを繰り返さないために最善を尽くそう。やってしまったことを変えることはできないのだから、今さらそれについて自分を責めても何の役にも立たない。

次に、自分本位になろう。といっても、自己中心的な振る舞いをしろという意味ではなく、自分を大切にしようという意味だ。自分を大切にしないなら、周囲の人に好影響を与えることはできない。たとえば、いい夫、妻、息子、娘、友人にはなれない。しかし、もし自分を大切にして周囲の人に好影響を与えるなら、すべての人が恩恵を得る。

Exercise

1　日記をつけて自分と向き合う。

2　自分の成果を列挙する。

3　自分がうまくできることを列挙する。

4　鏡の前で自分の素晴らしさをアピールする（最初、違和感を覚えるかもしれないが、しばらくすると慣れてくる）。

5　寛容の精神を発揮する。

62

自分を手厚くもてなす

これは私がクライアントにすすめている大好きなエクササイズの1つである。自分を手厚くもてなすためにできる10のことを列挙し、2週間にわたって1つずつ実行してみよう。

このエクササイズは効果抜群である（たとえば、良書を読む、好きな映画を観に行く、マッサージをしてもらう、日の出を見る、水辺に座る、などなど）。

自分を手厚くもてなすと、自信と自尊心が奇跡的なぐらい高まる。今すぐにそれを実行しよう。

63 毎日30分、本を読む

「本を読まない人間は、字が読めない人間とたいして変わらない」と作家のマーク・トウェインは言った。毎日30分、本を読めば、1週間で3時間半、年間で182時間になる。これは膨大な知識量に相当する。

私がコーチングのトレーニングをしていたときの目標の1つが、「もっと本を読むこと」だった（あまり具体的ではなかったが、効果があった）。当時、私はほとんど本を読んでいなかった。

現在、私は週に平均2冊の本を読んでいる。この半年間でそれまでの15年間よりも熱心にいろいろなことを研究している。

つねに本を読もう。テレビ（とくにニュース）を見る習慣をやめて就寝前に良書を読む習慣を身につければ、心の平和が得られる。それによって得られるもう1つの恩恵は、創造性が高まることだ。

64

自分の進歩を祝福する

人生を変えて目標を達成する過程では、自分の進歩を意識することが重要である。ときには立ち止まって自分の進歩を祝福しよう。先週より向上した自分を祝福しよう。小さな勝利を軽んじてはいけない。やり遂げたすべてのステップは祝福するに値する。

本書のエクササイズをやり終えるたびに、自分に報酬を与えよう。たとえば、ずっとほしかったものを買うとか、観たかった映画に行くとか、自分にとって気分がいいことをするのだ。新しい習慣を身につけて改善できたら、小旅行に出かけよう。それだけの価値があることをしたのだから。

あなたはこれまでの進歩に対して自分にどんな報酬を与えるだろうか。たとえば、散歩に出かける、温泉に行く、レストランでディナーを楽しむ、などなど。

65 毎日、お気に入りの音楽を聴く

すぐに幸せな気分に浸る手っ取り早い方法は、自分の好きな音楽を聴くことである。

これまでで最も気に入っている音楽を集めて、それを聴きながら歌おう。最初はばかげているように感じるかもしれないが、毎日これを実行することは非常に有益である。

あなたが最も好きな5つの曲は何か？

今すぐそのプレイリストをスマートフォンやパソコン内でつくって聴いてみよう。

自分のお気に入りの曲を聴いた気分はどうだろうか？

さぞかし気分がよくなったに違いない。

これを日々の習慣にしたらどうなるだろうか？

66

自分に投資する

個人として、また職業人として成長するためにできる最善のことは、自分に投資することである。なれる最高の自分になるよう全力を尽くそう。収入の5～10％を本やCD、セミナーなどの自己啓発に投資しよう。つねに好奇心を持ち、新しいことを学び、自分を向上させよう。

自分への投資がもたらす恩恵とは、より賢い人間になるだけでなく、組織にとってより価値のある存在になることだ。さらに、交渉力や時間管理術、ファイナンシャルプランニングなどのテクニックを磨くことができる。たった2～4時間のセミナーで人生を変える効果的な戦略を学ぶことができる。あるいは、ライフコーチを雇って自分を向上させることもできる。

私にとって自分への最高の投資の1つは、コーチを雇ったことである。現状を打開し、人生の目標を明確にし、恐怖との向き合い方を変えるのを手伝ってくれた。

しかし、本を読んだりCDやコースで学んだりすれば、費用を抑えることができる。私は週に少なくとも1冊の本を読み、2カ月ごとに新しいコースを買い、年に少なくとも2回のセミナーを受講する習慣を身につけた。

Exercise

これからの1年間ですると決意していることを次のような形式で書きとめよう。

私は月に○○冊の本を読み、月に○○本のCDやオーディオブックで学び、半年で○○回のセミナーを受講する。

今日の日付　　　　　　署名

知識への投資は最大の利息を生む。

ベンジャミン・フランクリン（アメリカの政治家、科学者、発明家）

67

ほめ言葉を快く受け入れる

あなたはふだんプレゼントを受け取ることに抵抗を感じるだろうか。もしそうなら、今日からその傾向を改めよう。あなたはプレゼントを喜んで受け取るべきだし、それがほしいものをさらにもっと手に入れる秘訣でもある。

プレゼントを差し出されて「いや、そんな必要はありません」と言うと、プレゼントをする喜びを相手から奪ってしまうことになる。そして、それは言葉のプレゼントについてもあてはまる。

この行動パターンについて検証しよう。そこには「私はそれを受け取るだけの価値がない」という気持ちが隠されていないだろうか。その気持ちを正当化する必要はない。相手にほめてもらったら、素直に「ありがとう」と言えばいいのだ。

今日から言葉のプレゼントを受け取る習慣を身につけよう。誰かにほめてもらったら、「ありがとう。そんなふうに感じてもらえてとても嬉しいです」と言い、相手と喜びを分かち合おう。

次のような態度をやめれば、自尊心を高めることができる。

・ほめ言葉を拒絶する
・自分を見くびる
・自分の功績なのに、それを認めようとしない
・自分にはふさわしくないと考え、いいものを手に入れようとしない
・誰かが親切にしてくれても、マイナス面を探す

以上の5項目のどれが自分にあてはまるか分析し、それを改善しよう。

Exercise

誰かにほめてもらったら、素直に「ありがとう」と言おう。

私は誰かにほめてもらうと2カ月は気分よく過ごせる。
マーク・トウェイン(アメリカの作家)

68

ほしいものを求める

とにかくほしいものを求めよう。

「求めたらよかった」と悔やみながら生きるよりも、求めて断られるほうがずっといい。勇気を出して、職場で昇給を、空港でアップグレードを、レストランでいいテーブルを求めよう。ダメで元々である。実際に求めれば意外な展開になるかもしれない。求めさえすれば、ほしいものが手に入る可能性が生まれる。

自分がほしいものを家族や恋人、上司、友人に求めよう。

何も言わなくても気持ちを察してもらえると思ってはいけない。私の場合、これはたいてい恋愛関係で起こった。私が何度も失望したのは、恋人が私の気持ちを察してくれなかったからだ。しかし、自分がほしいものをはっきりと求めるようになって、そういう事態に陥らずに済むようになった。

もう1つの例は上司だ。私たちは努力をして昇給や昇進を果たそうとするが、それはなかなか実現しない。だから、それを求めよう。その結果、起こりうる最悪のことは何だろうか。あなたはまだ昇給や昇進を果たしていない。求めないかぎり、ずっとそういう状態が続く可能性がある。とにかく求めれば、少なくとも何らかの反応が得られる。

自分がほしいものを求めるとき、次のことを肝に銘じよう。

1 実現することを期待して求めよう。
2 自分の思考、感情、内なる対話をつねにポジティブにしよう。
3 担当者に頼もう。
4 具体的に表現しよう。
5 子どものころと同じように何度も求めよう。

Exercise

ほしいと思っているのだが、求めていないもののリストを作成し、それを求めよう。

求めよ、さらば与えられん。

聖書(マタイ福音書)

69

貯金を始める

これは資産形成のプロに教わったことだ。数年前、私はライフコーチのタレン・ミーダナーの本でそれを学んだ。このアドバイスは私の人生を一変させ、当時の仕事をやめて夢を追い求めるきっかけになった。

いったん9カ月から1年分の生活費を貯めたら、状況は変わり始める。これによって圧倒的優位に立つことができる。たとえば、上司の顔色をうかがわずに済むから、毅然として「私の仕事に文句があるなら言ってください」と主張することができる。労働条件が過酷なら、最悪の場合、その仕事を辞めて別の仕事を見つければいい。しばらく休職することもできる。切羽詰まっていないから、就職の面接を必死になって受ける必要もない。

ライフコーチにとって、つねに貯金を持っていることは非常に大切である。それによって自分に合うクライアントを選び、合わないクライアントを断ることができる（これがライフコーチにとって重要課題なのは、相性がいい場合のみ指導が功を奏するからだ）。

お金の必要性に迫られて働くと好結果につながりにくい。給料の9カ月分か1年分、あるいは1年半分の貯金があれば、ストレスがかなり和らぎ、安心感を得ることができる。

貯金を始めるためには、支出を減らすか収入を増やさなければならない。たいていの場合、支出を減らすほうが簡単だから、お金がどこに出ていくかに気をつけよう。いちばんいいのは、毎月、自分の収入から一定額を天引きして銀行口座に入れることである。

Question

1　これから貯金を始めるか？

2　貯金を始めない言い訳は何か？

3　いつ貯金を始めるべきか？

70

毎日、有終の美を飾る

毎晩、仕事を終えたあとでダラダラと過ごすのではなく、考えるだけでワクワクする楽しみを準備しよう。

- 1人の時間を過ごす
- 配偶者と散歩をする
- 自宅でジャグジーに入ったりスパに行ったりする
- 何かを祝う（例　仕事、家族、人生）
- 仲のいい友人に電話をする
- 誰かと食事に出かける
- マッサージをしてもらう
- 映画館や劇場、コンサートに行く
- 自宅で素晴らしい映画を観る
- マニキュアやペディキュアをする

1日のスケジュールに特別な時間を組み込もう。

幸せになるカギは、愛する人と過ごし、すべきことをし、何かを楽しみにすることだ、と私は確信している。

エルヴィス・プレスリー（アメリカの歌手）

Part 6

心と身体を大切にする

71 体の姿勢を変える

これは神経言語プログラミングで提唱されているエクササイズである。それによると、体の姿勢を変えると心の姿勢も変わるという。ほとんどの人は冗談だと思うが、そう決めつける前に、ぜひ試してみてほしい。

悲しくて落ち込んでいるとき、あなたはたいていうなだれて下を向いているはずだ。そんなとき、姿勢を正し、胸を張り、顔を上げてみよう。どのように感じるだろうか。

顔を上げて笑みを浮かべていると、気分がずっとよくなることがわかる。姿勢を正して悲しみを感じることはできないはずだ。

実際、このテーマについては多くの研究がおこなわれてきた。

ブライオン、ペティ、ワグナーによる2009年の研究では、姿勢を正して座っている人たちは背中を丸めて座っている人たちより自信を持っていることがわかった。ハーバード大学教授のエイミー・カディがデイナ・カーニーと共同でおこなった「体の姿勢が人格を形成する」という研究もある。それによると、2分間のパワフルな体の姿勢がテストステロンを20％増やして自信を高め、コルチゾールを25％減らしてストレスを和らげるという。

想像してほしい。重要なプレゼンテーションや試合、競争があるとき、2分間、自信のある人の姿勢をとろう。両手を腰にあて、両足を少し開くか、椅子に深く腰掛けて両腕を開こう。少なくとも2分間、その姿勢を持続させて、何が起こるかを体感しよう。

72

もっとほほ笑む

ほほ笑もう。たとえそんな気になれなくても。

ほほ笑むことは心身の健康を増進し、人間関係を円滑にし、人生の質を高める。もしまだそうしていないなら、今日から意識してほほ笑むことを心がけよう。

4歳から6歳の子どもが1日に300回から400回笑うのに対し、大人は15回しか笑わないという研究が、多くの自己啓発本で紹介されている。正確な回数は私にはわからないが、そのとおりかもしれない。実際、子どもたちを観察してみると、その研究結果がぴったり合っているように思う。

笑うことは健康にたいへんいいことが、多くの研究で裏づけられている。毎日、笑うことは精神状態を改善し、創造性を高めることが判明しているのだ。だから大いに笑おう。私たち夫婦はたえず冗談を言い合いながら楽しい時間を過ごすようにしている。この習慣を始めて以来、とても気分がいいし、エネルギッシュになることができる。あなたもぜひ試してみるといい。

カンザス大学の心理学教授タラ・クラフトとセーラ・プレスマンの研究によると、ほほ笑むことはさまざまな状況でストレス反応を変える可能性があるという。笑うことで心拍数が遅くなり、ストレスのレベルが下がることがわかったのだ。ほほ笑むことで物事がうまくいっているというシグナルを脳に伝えることができる。

今度、ストレスを感じたら、ペンを口でくわえてみよう。そうすることによって、たとえほほ笑む理由がなくても、本当にほほ笑んでいるのと同じような効果が得られるかもしれない。

ほほ笑む動機がさらに必要なら、ほほ笑むことと長寿の関係を立証したウェイン州立大学の研究を読むといい。

複数の研究によると、ほほ笑んでいる人は自信がある印象を与えるから、周囲の人の信頼が深まるという。人びとはほほ笑んでいる人と一緒にいると気分がよくなるから、そういう人の周りに集まりたがるものだ。

ほほ笑むことの恩恵をさらに紹介しよう。

- セロトニンが放出され気分がよくなる
- エンドルフィンが放出されて痛みを和らげる

・血圧を下げる
・思考が明晰になる
・免疫力が上がる
・人生観がポジティブになる（ほほ笑みながら悲観的になれるだろうか？）

Exercise

これから1週間、鏡の前に立ち、自分に向かって1分間ほほ笑もう。これを少なくとも1日に3回実行し、どんな気分になるか確かめてみよう。

73

成功するまで、成功しているふりをする

自分がすでに目標を達成したかのように振る舞おう。
理想の人生や仕事をすでに手に入れたかのように振る舞おう。
もっと自信を持ちたいなら、すでに自信があるかのように振る舞おう。

そして、自信がある人のように話し、自信がある人のように歩き、自信がある人のような体の姿勢をとろう（第71項を参照）。

潜在意識は現実と想像を区別することができない。その性質を利用して、すでに強みや資質を備えているかのように振る舞おう。神経言語プログラミングでは、これはモデリングと呼ばれる。成功するための効果的な方法は、成功している人たちを観察して真似をすることだ。あなたが望んでいるどんな性格的特徴についても、この方法を活用しよう。すでにそうなっているかのように振る舞って、何が起こるかを確かめてみよう。

74

自分の体を神聖なものとして扱う

皮肉なことに、ほとんどの人が「健康は人生で最も大切だ」と言っておきながら、酒を飲み、ジャンクフードを食べ、しかも運動不足に陥っている。

バランスのとれた食生活、定期的な運動、綿密な体調管理を心がけよう。あなたは自分の体を大切にしなければならない。体の具合が悪ければ、心の具合も悪くなるからだ。

健康的な生活習慣の具体例を紹介しよう。

- もっと野菜と果物を食べる
- 赤肉の摂取を減らす
- 毎日、少なくとも2リットルの水を飲む
- 食べる量を減らす
- ジャンクフードを食べるのをやめる

75

仮眠をとって充電する

仮眠が心身をリフレッシュさせて生産性を高めることは、科学的に証明されている。これは私にとって目からウロコだった。

仕事のストレスが過酷だったとき、私は心身ともにへとへとだった。クライアントのクレームや要望に耐えられなかったからだ。そこで、仮眠をとったところ、大きな成果が得られた。クレームを処理していても、平然としていられるようになったのだ。

当初、職場の近くの公園で昼休みに30分ほど寝ていたが、その後、職場で2つの椅子を並べて寝るようになった。その結果、自分の1日の労働時間が前半と後半に分かれるようになった。それまで昼食のあとで2時から5時までたいてい疲れを感じていたものだが、仮眠をとったおかげで疲労がとれ、後半をフレッシュな気持ちでスタートさせ、それまでよりはるかに生産性を高めることができるようになった。

日中に疲労を感じたら、仮眠をとる時間だ。ぜひ試してみよう。

76

週に最低3回は運動をする

今さら運動の重要性を力説する必要はないだろう。しかし、たとえ運動の重要性を知っていても、それを実行しない人はたくさんいる。最もよくある言い訳は「時間がない」である。

では、もしあなたの命がそれにかかわっていると医者に言われたらどうだろうか。しかも、今すぐに運動を開始しなければ、1カ月後に死ぬと言われたらどうするか？　あなたはすぐに運動する時間を見つけるはずだ。だから、時間は問題ではない。

運動の重要性については言われなくてもすでに知っているはずだ。ここでは、週に3回から5回ほど運動をすることがもたらす恩恵を列挙しよう。

1　運動は健康の維持増進に役立つ。
2　運動は痩せるのに役立つから外見もよくなる。
3　スリムな体になると自尊心が高まる。
4　適度に体を動かすと気分が爽快になり体力がつく。
5　就寝する2、3時間前に30分ほど運動すると、睡眠障害を改善するのに役立つ。

6　運動をするとストレスの解消にたいへん役立つ。脳内にエンドルフィンが放出され、悩んでいた問題を忘れることができる。

さらに、定期的な運動はより幸せな気分につながり、うつ病の兆候を改善し、生活習慣病（心臓病、糖尿病、骨粗しょう症、高コレステロール血症）のリスクを減らし、早死にのリスクを減らし、記憶力を向上させる。

最後にひと言。無理に激しい運動をしてはいけない。楽しみながら適度な運動をしよう。たとえば水泳や1日に1時間のウォーキング（次項を参照）が役に立つ。

Exercise

1　インターネットで運動の効用に関する研究を見つけよう。

2　いつ運動を開始するかを決めよう。

3　時間が見つからないなら、時間管理術の章（パート4）をおさらいしよう。

77 毎日、散歩をする

なるべく外に出て自然とふれあおう。散歩をしよう。日の出や日の入りを見よう。朝、散歩に出かけると、「早朝の散歩は1日じゅう恩恵をもたらす」という思想家ソローの言葉の意味が実感できるはずだ。

現代人の生活リズムはあまりにも速くてストレスがたまるから、少し時間をとって散歩をしながらリラックスすることが重要だ。散歩をすると心身にエネルギーを充満させることができる。

スタンフォード大学の新しい研究によると、散歩は創造的思考を高めるという。ひたすら歩きながら思考を研ぎ澄ませると、邪念が消えて画期的なアイデアを生み出すことができるのだ。

数年前、妻が仕事でストレスを抱えているとき、私たちは一緒に毎日1時間ほど散歩をした。そのおかげで彼女は1日のストレスを発散して感情的なわだかまりを解きほぐすことができた。また、体を適度に動かしたおかげで、ぐっすり眠ることができた。

わずか1週間後、彼女はとても気分よく過ごせるようになった。さらにもう1つの恩恵として、体を動かして疲れると精神的に落ち着いて、私の言うことを聞き入れてくれるようになった。

あなたもぜひ散歩に出かけるといい。
それを1カ月続けるとどんな気分になるかを体感しよう。

人間にとって最高の薬は散歩である。
ヒポクラテス（古代ギリシアの医聖）

すべての偉大な思想は、歩くことによって生まれる。
フリードリヒ・ニーチェ（ドイツの哲学者）

すべての運動の中で、歩くことが最も素晴らしい。
トーマス・ジェファーソン（アメリカ第2代大統領）

78

瞑想の力を活用する

瞑想で得られる恩恵は今では広く知られている。多くの人が瞑想を実践し、張り詰めた1日のあとで心を落ち着け、不安や怒り、さらには抑うつを解消するのに役立てている。

研究によると、瞑想が血圧を下げ、痛みを和らげることが指摘されている。瞑想は効果的なストレス対策にもなる。1日に15分か20分ほど静かに座って瞑想しているだけで効果があり、心身の健康を回復することができるからだ。1日に2回、瞑想をすればさらに素晴らしい恩恵をもたらす。

日々の瞑想の習慣を実践する方法を紹介しよう。

1　15分から20分、邪魔されずに静かに過ごせるスペースを探す。それを儀式にしよう。毎日、同じ場所で同じ時間に瞑想することはたいへん有益である。早朝の魔法を覚えているだろうか（第49項を参照）。おそらくそれは瞑想にも適した時間帯である。

2 瞑想を始める前にアファメーションの力を活用し、「今、私は集中して落ち着いている」と唱えることによってリラックスした状態になろう。

3 瞑想をやめる時間を心配せずに集中するためにアラームを20分後に設定しよう。

4 座るか横になって目を閉じよう。目を開けて部屋の中の一点か窓の外の自然に意識を集中しよう。

5 集中を高めているあいだ、呼吸に集中してリラックスしよう。

6 心が当てもなく動くなら、そうさせよう。抵抗してはいけない。自分の思考が青空の雲のようにさまよっている様子を見て心を空っぽにしよう。さざ波がない湖のように静かな心を想像しよう。

1日に20分、瞑想をする習慣を身につけると、大きな成果を得ることができる。この6つのステップはたんなる提案にすぎない。瞑想のやり方が間違っていることはなく、自分にとってどんなやり方が効果的かを知っているのは、あなただけである。インターネットやセミナーで多くの情報が紹介されている。最も大切なのは、本書の他のすべてのことと同様、行動を起こすことだ。ぜひ試してみよう。

79

1日で最も重要な1時間を活用する

1日の中で最も重要な1時間は、起床後の30分と就寝前の30分である。

この時間帯は潜在意識の感受性が非常に強いので、そのときにどんなことをするかはとても大きな意味を持つ。

1日のスタートの切り方は、その後の展開に大きな影響を与える。1日の初めでつまずいて、それ以降がますますうまくいかなくなった経験があるはずだ。逆に、好スタートを切ると、それ以降が順調に進んだ経験もあるだろう。だから1日のスタートの切り方がたいへん重要になってくるのだ。

ほとんどの人は起床後にバタバタするばかりで、それ以降も同じように展開する。大勢の人がいつもストレスをため込んで悩んでいるのは不思議ではない。

毎朝、30分か1時間早く起きたらどうなるだろうか？

大急ぎで朝食をかきこんだり通勤途上で朝食を食べたりするのではなく、起床後の30分をゆったりと過ごしたらどうなるだろうか？

朝の儀式として10分から15分の瞑想をするのもいい。これを習慣にしたら人生にどんな

変化が起きるだろうか？

朝の儀式の例を紹介しよう。ぜひ試してほしい。

- ポジティブに考える
- 5分間、感謝していることを思い浮かべる
- 15分間、静かに過ごす
- 今日は素晴らしい1日になると想像する
- 日の出を見る
- ジョギングか散歩に出かける
- 日記をつける

1日の終わりの30分も同じくらい重要である。就寝前にすることは睡眠中も潜在意識に残る。そこで、この時間帯に次のことをしよう。

- 再び日記をつける
- 1日を振り返り、どんな素晴らしいことをしたか、どうすればもっとよくできるかを考える

・翌日の計画を立て、「明日、すべき最も重要なことは何か？」と自問する
・翌日の「やることリスト」をつくる
・自分の理想の1日を思い描く
・意欲がわくブログ、記事、本を読む
・元気が出る音楽を聴く

精神的に動揺するようなニュースや映画は就寝前に見ないほうがいい。なぜなら、就寝前の時間帯はとくに暗示を受けやすいからだ。だから就寝前はポジティブなものを見たり聴いたりするほうがはるかにいい。

翌日の計画を立てて、すべきことを列挙すると、すぐに役立つし、時間の節約にもなる。自分がすべきことは潜在意識の中にすでに入っているし、優先順位をすでに把握しているなら、翌日の作業が大いにはかどる。

Question

1　今日から起床後の時間帯をどのように過ごすか？

2　今までより30分早く起きて朝の儀式を実行するか？

3　今日から就寝前の活動として何をするか？

80

小さな変化を起こす

成功への道は変化を伴う。成功するためには、少し不快な状態をたえず経験しなければならない。

他の人たちがしたがらないことをする習慣を身につけよう。どんなに不快なことであっても、する必要のあることをしなければならない。たとえば、「できない」と言わずにより一層の努力をする、他人のせいにするのではなく自分の行動に全責任を持つ、といったことだ。

ほとんどの人は、人生を変えるためには大きな変化を起こさなければならないと考え、それに圧倒されて何もせず、従来の習慣に固執する。

しかし、大切なのは、大きな努力を必要としない小さな変化を起こすことだ。その小さな変化がやがてより大きな変化につながる。

81 イメージトレーニングの魔術を使う

イメージトレーニングは素晴らしい経験をするための基本的なツールである。

潜在意識は巧みな想像と現実の区別をすることができない。だから、感情を移入して詳細に目標を想像すると、潜在意識はそれが現実だと確信する。その結果、人生を望ましい状態にするモチベーションが高まり、チャンスをつかみ、アイデアが思い浮かぶ。

では、イメージトレーニングでスポーツの技術を伸ばせるだろうか？

答えは「イエス」だ。１９８０年代、自己啓発の大家アンソニー・ロビンズはアメリカ陸軍と協力し、イメージトレーニングを導入して射撃の技術を大幅に向上させた。それ以外にも、バスケットボールのフリースローの成功確率を上げるためにイメージトレーニングをおこなった画期的な研究もある。

プロのスポーツ選手を綿密に調べると、試合で勝利を収める様子を事前にイメージしていたことがわかる。

レーサー、ゴルファー、スキー選手、テニス選手、サッカー選手が本番の前に何時間もかけてイメージトレーニングに取り組んでいる様子を見るといい。いくつか例を挙げると、プロゴルファーのジャック・ニクラウス、アイスホッケー選手のウェイン・グレツキー、飛び込み選手のグレゴリー・ローガニスは、イメージトレーニングによって目標を達成したことが知られている。

自分がすでに目標を達成している姿を見よう。それを自分の目で見ながら、音や匂い、手ざわりなど他の感覚でもイメージする。感情移入をすればするほど、インパクトが強くなる。これを毎日15分すると、やがて大きな成果が得られる。日々のイメージトレーニングを起床後の儀式か就寝前の儀式に取り入れよう。

目標を表すイメージをA４の用紙に書き、寝室や目につきやすい場所に貼っておくと効果的だ。たとえば、資産形成が目標なら、夢のマイホームや札束などの資産を意味するものの写真を貼っておくといい。毎日、起床後と就寝前の5分間でその写真を見て、自分がその目標をすでに達成している姿を鮮明にイメージしよう。

82

理想の人生を設計する

これは多くのコーチのお気に入りのエクササイズで、ほとんどのコーチングの出発点でもある。

あなたにとって、理想の人生とはどのようなものか？　必要なだけのお金と時間があれば何をするか？　どこに住むか？　それは一戸建てかマンションか？　どんな仕事に就くか？　誰と一緒に過ごすか？　何をするか？

大きな夢を持とう。自分を限定してはいけない。自分の理想の人生を鮮明にイメージしよう。それはどんな気分か？

それを詳しく書きとめよう。何かを書きとめることの力についてはすでに学んだとおりだ。自分の理想の人生とはどんなものかを書きとめよう。多くの人は自分の理想の人生を表現する写真を組み合わせて、目につきやすい場所に貼っている。大切なのは、それを楽しむことだ。

ポイントを列挙しよう。

1　1時間座って集中する。テレビ、ラジオ、携帯電話を消す。

2　具体的に表現する。何時に起きて、どんな家に住んで、健康状態はどうで、誰に囲まれて暮らし、どんな仕事に就くか？

3　週に一度、理想の人生を読み上げる。情熱をこめてやってみよう。

Exercise

情熱をこめて自分の理想の人生を読み上げている声を録音し、就寝前にそれを聞こう。準備はできただろうか。今すぐ自分の理想の人生を紙に書きとめよう。

83

アファメーションの力を活用する

ポジティブなセルフトークの重要性についてはすでに説明したとおりだ。

そのためのたいへん効果的なテクニックはアファメーション（肯定的な自己宣言）である。ポジティブな言葉を何度も繰り返すことによって、潜在意識にそれを信じさせることができる。いったん潜在意識がそれを信じると、あなたはそれにもとづいて行動し、必要な人と物を引き寄せ、いたるところにチャンスを見つけることができる。

アファメーションのカギは、現在形の肯定文で表現することである。なぜなら、潜在意識は現実と想像を区別することができないからだ。

アファメーションを実行するときは自分に関することを具体的に、しかも感情をこめて表現しなければならない。いくつか例を紹介しよう。

- お金は私のもとにやってくる。
- チャンスは次々と私に訪れる。
- 私は人前で話すのが得意だ。

・私は仕事で成果を上げる。
・私はいつも元気いっぱいだ。

人生でほしいものを引き寄せるためにアファメーションの力を活用しよう。練習すればするほどうまくできるようになる。たとえば、最初のうちは「お金は私のもとにやってくる」と言うと、あなたの内なる声は「そんなはずがない」と言うかもしれないが、毎日200回、1週間にわたってそれを繰り返すと、批判的な内なる声を黙らせることができる。アファメーションをいつも味方にしよう。

ここに重大な事実がある。潜在意識は与えられた命令に絶対服従する。ただし、その命令が潜在意識に受け入れられるためには、それを何度も繰り返さなければならない。

ナポレオン・ヒル（自己啓発の大家）

84

1日に25回、目標を書きとめる

このエクササイズの目的は、自分の目標を潜在意識に刻み込み、それが真実だと信じるようにすることである。

潜在意識がどのように機能するかを思い出してほしい。新しい信念を確立するためには、何度も繰り返さなければならない。だから、たとえこのエクササイズが退屈に感じても、目標を書き続けることが重要だ。

具体的な手順は次のとおりである。

1　自分の目標を決める
2　「私」という言葉を入れる
3　肯定的に表現する
4　現在形を使う
5　毎日、このエクササイズをする

小さなメモ帳を使うといい。毎日、起床後と就寝前にこのエクササイズをすれば、大きな成果が上がる。

特定の言葉の繰り返しが信念につながる。そして、いったんその信念が強い確信になると、それが現実になり始める。

モハメド・アリ（アメリカのプロボクサー、元世界ヘビー級チャンピオン）

85

日記をつける

1日の終わりに少し時間をとって、自分がうまくできたことを振り返り、幸せな瞬間を心の中で再現しながら日記に書きとめよう。

私はこのエクササイズをすべてのクライアントにすすめている。

朝晩、それを実行することによって、幸福感と意欲と自尊心を大きく高めることができる。とくに就寝の直前にこのエクササイズをすると、心が落ち着いて熟睡につながり、ポジティブなことに集中できて潜在意識に好ましい影響をおよぼす。うまくいかなかったことを思い出して不眠に悩まされるのではなく、その日のポジティブなことを思い出して感謝の気持ちにひたることができるからだ。これがどんなに重要なことかはもう理解できるだろう。この簡単なエクササイズは私とクライアントに大きな喜びをもたらした。

就寝前に次の質問に答えて、それを日記に書く努力をしよう。

- 今日、私は何に感謝しているか？（3つか5つ）
- 今日、私に幸せをもたらした3つのことは何か？
- 今日、私がとくにうまくできた3つのことは何か？
- 今日をさらによくするにはどうすればよかったか？

このエクササイズを始めてすぐに答えを思いつかなくても心配する必要はない。他のすべてのことと同様、練習をすれば、うまく日記をつけられるようになる。もし何も思い浮かばないなら、5分間だけ長く考えてみよう。そして、思い浮かんだことを書きとめ、それを批判してはいけない。また、書き方や書き損じについて悩んではいけない。とにかく書こう。これを毎日、1カ月にわたって継続し、自分にどんな変化が起こるかを観察しよう。

誰もが世の中を変えようとするが、自分を変えようとする人はいない。
トルストイ（ロシアの作家）

86

毎日、見知らぬ人に親切にする

毎日、どうすれば世の中をほんの少しよくすることができるだろうか?
それには毎日、見知らぬ人に親切にするといい。

その方法はいくらでもある。創造性を発揮しよう。たとえば私の場合はスーパーマーケットで割引券をもらったら、列に並んでいる後ろの人にそっと渡すことにしている。あるいは、電車やバスで見知らぬ人に席を譲るとか、路上で目が合った人にやさしくほほ笑みかけるというのでもいい。見知らぬ人に丁寧に接し、何かに対して心をこめてお礼を言い、後ろの人のためにドアを開け、両手に荷物をいっぱい抱えている人を助け、誰かの重たい手荷物を運んであげよう。

今日から創造性を働かせて見知らぬ人に親切にしよう。素晴らしいことに、「自分がしたことは自分に返ってくる」という格言は真実だから、見知らぬ人に親切にすると、きっとあなたも見知らぬ人から親切にしてもらえる。

善行を施すと気分がよくなる。他人のために施す善行は、自分を変える力を持っている。

世の中をよくしたいなら、まず自分から始めよう。自分がお手本を示すのだ。毎日、少なくとも1回は見知らぬ人に親切にし、他人の人生に好ましい影響を与えよう。

Exercise

これから2週間、1日に1回は見知らぬ人に親切にしよう。その結果、何が起こるかを観察しよう。ただし、見返りを求めてはいけない。

親切な行為はめったに無駄にならない。誰かのためにした行為は、たいてい自分に返ってくるからだ。

不詳

とてつもなく大きなことをしようと思って何もしないよりも、小さな善行を施すほうがずっといい。

不詳

87 不用品を処分する

新しいものを生活の中に取り入れたいだろうか。そのためには不用品を処分する必要がある。家の中に不用品がいっぱいたまっていると、それはあなたのエネルギーを奪い取ってしまうからだ。

自分の身の回りの環境を改善したいなら、不用品を処分することも含まれる。そのための指針を紹介しよう。

- この1年間、その服を一度も着ていないなら、たぶんもうそれを着る機会はない。
- 「これはいつか役に立つかもしれない」と思うなら、おそらくそれは処分すべきである。

私の場合、不用品はたいてい無料で誰かに譲ることにしている。そうすれば気分がよくなるし、神様か宇宙がそれに対して何らかのかたちで私に恩恵をもたらしてくれると思うからだ。

食器棚から作業を始めて、寝室やリビングルーム、ガレージの不用品を処分し、家じゅうをきれいにしよう。衣服や日記、本、ＣＤ、家具など、もう使っていないモノを処分しよう。
あるクライアントは週末にマンションの自室の片づけを済ませたところ、心身ともに軽やかになり、エネルギーがわいてきて、短期目標をすべて達成したという。

Exercise

週末を利用し、必要性がなくなったモノをすべて処分しよう。

使っていないモノや必要のないモノはガラクタであり、すべて処分すべきだ。

チャリシー・ウォード（アメリカの批評家）

88

他人にお手本を示す

もしかして、あなたは他人を変えようとしていないだろうか？

ここで画期的な提案をしよう。それはまず不可能だから、やめたほうがいい。変わるのを手伝ってほしいと思っていない人の手伝いをすることはできない。だから貴重な時間と労力を空費するのをやめて、自分ができる最善のことに集中しよう。それはお手本を示すことだ。それによって、まず自分が変わろう。

「相手は自分を映し出す鏡だ」という格言を聞いたことがあるだろうか。つまり、たいていの場合、相手の中で好きでない部分は、自分が改善しなければならない部分だということだ。

かつて私は電車の席に座っていて、高齢者に席を譲らない若者たちのマナーの悪さに腹を立てたものだ。そしてそのたびに「最近の若者はどうなっているんだ。私は40代だから席を譲る必要はないが、若者は席を譲るべきだ」と心の中で不平を言った。

しかし、ある日、私は若者たちについて不平を言うのをやめて、すすんで高齢者に席を譲ることにした。すると、とても気分がよくなった。

私たちは他人の振る舞いに責任を持つことはできない。私たちが責任を持つことができるのは自分の振る舞いに対してだけだ。

結局、私はお手本を示すことによって2つの恩恵を得た。心の中で不平を言う必要がなくなったことと、正しいことをしたので気分がよくなったことだ。しかも、席を譲るお手本を誰かに示すことができたと思っている。

大切なのは、「人びとは変わらなければならない」という姿勢から「自分が変われば、周囲の人も変わるかもしれない」という姿勢に方針を転換することだ。

自分の意のままに他人を変えることはできない。あなたにできるのは、他人をあるがままに受け入れ、自分がお手本を示して立派な人間になることである。

あなたは配偶者について不平を言っていないだろうか。もしそうなら、自分がなりうるかぎり最高の配偶者になろう。

あなたは部下について不平を言っていないだろうか。もしそうなら、自分がなりうるかぎり最高の上司になろう。

あなたはあるがままの自分を周囲の人に受け入れてほしいだろうか。もしそうなら、自分が周囲の人をあるがままに受け入れよう。

Question

1　あなたは何を変えたいと思っているだろうか？

2　まずそれを自分から始めたらどうだろうか？

3　あなたはどのように自分を変えるだろうか？

89

恐怖に立ち向かう

恐怖のために自分を限定してはいけない。恐れていることをすれば、恐怖は消える。

作家のマーク・トウェインはそれを100年以上も前に知っていた。彼は「今から20年後、あなたはしたことよりもしなかったことを後悔することになる」と言っている。あるいは、私の好きな格言に「したことを後悔するのではなく、挑戦しなかったことを後悔しろ」とある。

恐怖に立ち向かおう。あなたが抱いている恐怖の9割はたんなる想像にすぎない。つまり、起こりもしない災難は、あなたの心がつくり出した幻想である。作家のハーブ・エッカーの表現を借りれば、あなたの心は「世界最高のメロドラマの監督」なのだ。

恐怖を感じるのは防衛機制のなせるわざである。つまり、自分の身の安全をはかるためなのだ。私自身、これまで何度も恐怖を経験してきたが、それを乗り越えてきた。恐怖を乗り越えると、素晴らしいチャンスが待っていた。そこで私は恐怖を飛躍台にすることを決意した。

「もしこれをしたら、起こりうる最悪の事態は何か？」と自分に問いかけ、そのリスクはとる価値があるかどうかを見極めよう。

ここで注意してほしい。リスクをとらないことによって代償を払う可能性もある。そこで、「もしこれをしなければ、どんな代償を払うことになるか？」と自分に問いかけよう。それはリスクをとることの代償よりも大きいかもしれない。

恐怖に対処する方法を変えよう。恐怖を参考にして行動の指針にするのはいいが、そのために身動きがとれなくなってはいけない。私はかつて恐怖におびえて身動きがとれなくなり、いやな仕事にずっととどまっていた。現在、私は恐怖を感じると、「これはいい兆候だから、行動を起こそう」と考えるようにしている。

難しそうに見える新しいことに挑戦しよう。皮肉なことに、あなたの成長にとって最も有益なのは、自分が最も恐れていることだ。だから勇気を出して、恐れていることをしよう。かけたくない電話をかけ、送信したくないメールを送信し、自分が恐れている相手に依頼したら、どんな展開になるだろうか。

恐怖を感じたら、それを冷静に分析し、自分に警告を発しようとしているのか、身動きがとれないようにしているのかを考えてみよう。

あなたは何を恐れているのだろうか。失敗することか、間違いを犯すことか、まずい決定をくだすことか。

新境地を開きたいなら、リスクをとって恐れていることをしよう。
教訓を学んで同じ間違いの繰り返しを避けるなら、間違いを犯したり、まずい決定をくだしたりしても、気にすることはない。

Question

1 自分の理想の人生を送るのをためらっている理由は何か？
2 現状にとどまっていることを正当化する言い訳は何か？
3 恐れていることをしたら、起こりうる最悪のことは何か？

恐れていることをしよう。これが恐怖を克服するための最も迅速で確実な方法である。

デール・カーネギー（アメリカの作家）

90 自分の力に目覚める

戦争やスキャンダル、汚職、テロ、異常気象など、さまざまな問題が山積する中で、あなたは社会に対してどんな貢献ができるだろうか？　そもそも、そんなことができるのだろうか？

朗報を紹介しよう。

あなたは自分が思っているよりもずっと大きな力を持っている。

私たちは自分が持っている変化をもたらす力を過小評価しがちである。しかし、たった1人の人間でも世の中に大きな変化をもたらすことができるのだ。

なぜなら、すべての変化はたった1人の人間の心の中で始まり、それが次第に拡大していくからだ。しかも、それは爆発的に拡大するのである。

私たちが自分の持っている変化をもたらす力を過小評価しがちなのは、自分が秘めている影響力を過小評価しているからだ。たとえば、SNSが持つ爆発的な影響力について考えてみればすぐにわかる。

仮に1人の人間が44人の知り合いを持つとする。その人たち1人ひとりも別の44人の知り合いを持ち、その人たち1人ひとりも別の44人の知り合いを持っている。こんなふうにつなげていくと、6人以内の間接的な知り合いは44人の6乗で約72億人という膨大な人数となり、世界の人口とほぼ同じになる。

このように、あなたは自分が思っているよりもはるかに大きな影響力を持つ可能性があるのだ。

この世の中にはあなたがコントロールできないことがたくさんあるが、コントロールできることもたくさんある。

たとえば、環境汚染をくい止めることはできなくても、バスや電車のような公共の交通機関を利用することができるし、ゴミの分別を実行することもできる。特定の企業の方針に賛同できないなら、その商品を買うのをやめることもできる。あなたはたった1人だが、もし1000人が同じことをしたなら、確実に大きな動きになる。

あなたは相手の人種や宗教に関係なく、出会うすべての人に礼儀正しく接すると決意することができる。自分の周囲の4平方メートル以内にいる人たちに好ましい影響を与えると決意することができる。もしすべての人がそうしたら、どんな素晴らしいことが起こるだろうか。

あなたは毎日5人にほほ笑みの贈り物をすることができる。ほほ笑みには伝染力があり、もしあなたがほほ笑みかけたすべての人たちが5人にほほ笑みかければ、やがて世界中の人びとがほほ笑むことになる。

同じことが人びとをほめて相手の気分をよくするときにも起こる。

私たちは自分の行動と感情を通じてたえず周囲の人に影響を与えている。ただ、それが好ましい影響か好ましくない影響かという問題だ。

自分の力に目覚めよう。それはとてつもない力を秘めている。

Part 7

行動を起こす

91 今すぐに動き出す

人生の成功と幸福の秘訣の1つは、何かを成し遂げることだ。それについて話しているだけでは十分ではない。大切なのは結果である。

行動を起こさないなら、結果が出ない。結果が出ないなら、フィードバックが得られない。フィードバックが得られないなら、学習できない。学習できないなら、改善できない。改善できないなら、潜在能力を存分に活用することができない。

世の中を変えたいと思いつつも、そのための行動を起こさない人があまりにも多い。たしかに政治的な活動を始めるより政治家について不平を言うほうがずっと簡単だ。

あなたの人生はあなたの手の中にある。だから、さっそく自分のアイデアにもとづいて行動を起こそう。いきなり大きなことに挑戦する必要はない。あなたはすでに、小さなことを積み重ねることが大きな結果につながることを学んだ。したいことを思い切ってすれば、それをする力が見つかる。

今すぐに行動を開始しよう。目標を達成する人と行き詰まったままの人の最大の違いは、行動である。目標を達成する人は実行力があり、たえず行動を起こす。間違いを犯しても、教訓を学んで前進を続ける。断られても再び挑戦する。

行き詰まったままの人は、これから何かをするつもりだと言うばかりで行動を起こさない。しかし、これ以上待ってはいけない。完璧なタイミングは永遠に訪れない。今いるところから1回に1歩ずつ前進をしよう。

Exercise

今日、何を始めるかを考え、それを実行しよう。

何をするにせよ、それに取りかかろう。
大胆さは才能であり、力であり、魔法である。

ゲーテ（ドイツの作家）

人生で何をしたいかを決めるのにもたついていると、
やがて人生が終わりかけていることに気づくだろう。

バーナード・ショー（イギリスの作家）

92

先延ばしをやめる

心理学者のウェイン・ダイアーは「今すぐにしよう。未来は誰にも約束されていないのだから」と言っている。

たとえば、メールの返信、旧友との再会、家族との団らんを先延ばしにしてはいけない。すべきことを先延ばしにすると不安が募るだけだ。たいていの場合、先延ばしにして不安と良心の呵責に悩まされていたことでも、いざやってみると1時間ぐらいでできるから、そのあとはスッキリして気分が爽快になる。

先延ばしとは、やるべきことを避けることだ。実際に何もしていないのに魔法のように事態が好転すると期待して大切な用事を延期することである。しかし、事態はひとりでに好転することはない。たいていの場合、先延ばしの原因は、心の中で抱いている何らかの恐怖である。たとえば、断られることへの恐怖や失敗することへの恐怖だ。もう1つの原因は課題に圧倒されることである。

私のクライアントのマイクは先延ばしをすることが多くて悩んでいる。そのために大きな不安を抱え、眠れない夜を過ごすことすらある。それはいつも同じパターンだ。

彼はカウンセリングの中で、わずか1時間でできることを先延ばしにして不安を感じていることを認め、そのために大きな代償を払っていることに気づいた。そして今後、課題を先延ばしにしたくなったら、「そのためにどんな代償を払うことになるか？　たった1時間か2時間で終わらせることができる課題のために精神的負担を感じ、眠れぬ夜を過ごす必要があるか？」と自分に問いかけることにした。

どんな課題を抱えていても、それをしよう。明日か来週までそれを先延ばしにしてはいけない。今すぐにそれに取りかかろう。

Question

1　あなたは何を先延ばしにしているか？
2　あなたは生産的か、バタバタしているだけか？
3　今、すべき大切なことは何か？

やり残して死んでもいいと思うことだけを明日に延期しよう。

パブロ・ピカソ（スペインの画家）

先延ばし癖はとんでもない時間泥棒だ。気づいたら、すぐに改心しよう。

チャールズ・ディケンズ(イギリスの作家)

言い訳と先延ばしをやめよう。いつまでもそんなことをしていたら、平凡な人間に成り果ててしまい、恥ずかしさと後ろめたさを感じることになる。なぜなら、「自分はもっとできるはずなのに」と心の中で思っているからだ。今この瞬間から、自分をがっかりさせるのをやめると誓おう。その他大勢から抜け出して立派な人物になり、する必要のあることをすぐにすると決意しよう。

エピクテトス(古代ローマの哲学者)

93

やってみるのではなく、やり遂げる

「やってみる」という表現を使うのをやめれば、大きな恩恵を得ることができる。この表現を自分の語彙から排除しよう。「やってみる」という表現は失敗を暗示している。あなたが誰かに何らかの仕事を依頼するとき、その人にどう言ってほしいだろうか。「それをやってみます」か「それをやり遂げます」か、どちらだろうか。

私はコーチングを始めたころ、「(何らかの課題を)やってみる」と言った人たちが、たいていそれをしていないことに気づいた。それ以来、「やってみる」と言う人に対し、それをする気があるのかないのか、明確にするように指導している。

何らかの課題を実行してうまくいけば、それは素晴らしい。実行してうまくいかなければ、原因を調べて教訓を学べばいい。成果を上げるために何を変えればいいかを考えて、再び実行しよう。

94

過去にしがみつかない

自分の過去に費やす時間はすべて、自分の現在と未来から時間を奪うことになる。過去にしがみつくのをやめよう。過去と決別する勇気を持って初めて、人生で起こる新しいことに心を開くことができる。

「こうすればよかった」「こうすることもできた」と悔やみながら、過去にうまくいかなかったことを考えて時間を浪費してはいけない。そんなことをしても意味がないからだ。いくらあがいても、過去を変えることはできない。

自分がほしくないものではなく、自分がほしいものに意識を向けよう。過去にうまくいかなかった状況に意識を向けると、そういう状況をますます多く引き寄せてしまうおそれがある。

過去の経験から学んで前を向いて進んでいこう。

それこそが、今後、あなたがしなければならないことだ。過去にうまくいかなかったことではなく、将来的にうまくやりたいことに意識を向けよう。

あなたは過去と決別して自由になる必要がある。そうすれば、新しい体験を次々とすることができる。まだ終えていない案件を終わらせ、うまくいっていない人間関係を断ち切ることによって、さまざまな古いしがらみを解き放とう。思想家のディーパック・チョプラは「私は記憶力を活用するが、過去の記憶には翻弄されない」と言っている。過去のことを終わらせ、自由になって現在を楽しもう。

人間関係や仕事、その他の分野のことを中途半端な状態で放置してはいけない。ひたすら前進を続けよう。

Exercise

人生で中途半端な状態で放置していることを列挙し、その一つひとつに取り組もう。

95 今、幸せになる

幸せとは目的地に着くことではなく、そのプロセスを楽しむことである。幸せは心の状態であって、外的な状態ではない。

ここで最も大切なのは、自分にとって幸せとは何なのかということだ。あなたは今すぐに幸せになることができる。

と言っても、信じられないかもしれない。しばらく目を閉じて、本当に幸せだった状況を思い浮かべよう。心の中でその状況を再現しよう。感じ、嗅《か》ぎ、聞こう。その興奮と喜びを思い出そう。

今、どんな気持ちだろうか？

幸せとは家や車、その他の外界のモノとは関係ない。あなたは今すぐに幸せになることができるのだ。

大きな喜びを追い求めるあまり、小さな喜びを見過ごしてはいけない。身の回りの美しい景色を楽しもう。小さなことに楽しみを見いだそう。定年退職するまで人生を楽しむのを延期してはいけない。今、持っているもので楽しいことをしよう。毎日、今日が人生の最終日だと思って存分に生きよう。

今、幸せになることから始めよう。できるだけたくさん笑おう。なぜなら、笑うことによってポジティブなシグナルを脳に送ることができるからだ。楽しさとユーモアは長寿や仕事の満足感、個人的な充実感、人間関係、人生のバランスに不可欠である。だから大いに笑って大いに楽しもう。

今、あなたが幸せなのは次のどの理由によるものだろうか？

- 素晴らしい仕事に就いているから
- 自分の仕事が大好きだから
- 素晴らしい子どもに恵まれているから
- 素晴らしい伴侶に恵まれているから
- 素晴らしい親がいるから
- 自由な暮らしをしているから

Question

1 あなたにとって幸せとは具体的に何か？

2 先週、あなたはどのくらいのほほ笑みを振りまいたか？

3 あなたはどのくらいのほほ笑みを受け取ったか？

Exercise

人生で最も幸せに感じた瞬間を思い出し、自分がとくにいい気分に浸った5つの瞬間を書き出そう。

1

2

3

4

5

以上の瞬間を再現しよう。それはどんな気分だろうか？

96

自分史を書く

人生でつらかった時期を振り返り、それがもたらした恩恵について考えてみよう。

1 生まれてから現在にいたるまでを年表にする。横に1本の長い線を引く。
2 素晴らしい成功体験を線より上に書く。
3 試練に直面してつらかった体験を線より下に書く。
4 線より下の出来事を1つずつ検証し、それがもたらした恩恵を線の上に書く（たとえば、身近な人が亡くなったが、それをきっかけに自分の人生をもっと大切にするようになったとか、職場を首になったが、よりよい仕事を手に入れたといったことだ）。
5 でき上がった自分史をじっくり眺める。

97

「もう年だから」と思わない

自分の内なる声が「もう年をとりすぎている。今からでは遅いので、あきらめたほうがいい。そろそろ現役を引退すべきだ」と言ってきたら、年をとってから快挙を成し遂げた人たちの例を思い出そう。

近代美術の巨匠と呼ばれるポール・セザンヌは若いころ絵がほとんど売れず、最初の個展を開いたのは56歳のときだった。

イギリスの外科医ジェームズ・パーキンソンがパーキンソン病を見つけたのは62歳のときだった。

レイ・クロックは59歳のときにマクドナルド兄弟から小さなハンバーグショップの商権を買収し、75歳まで会長を、84歳まで上級会長を務め、世界的企業に育て上げた。

カーネル・サンダースが事業の不振による負債を返済し、ほぼ無一文の状態からワゴン車による行商を開始して、ケンタッキー・フライドチキンの成功のきっかけをつかんだのは65歳のときだ。その独創的なレシピは受け入れられるまでに1000回以上も断られている。

イギリスの小説家ダニエル・デフォーが名作『ロビンソン・クルーソー』を書いたのは60

歳のときだった。

ロナルド・レーガンがアメリカの大統領に就任したのは70歳になる直前だった。

ネルソン・マンデラがアパルトヘイト反対運動で逮捕され、27年間におよぶ獄中生活を経て黒人初の南アフリカの大統領に選出されたのは75歳のときだった。

高齢で快挙を成し遂げた例はそれ以外にもたくさんある。ほんの数例を紹介しよう。

ダイアナ・ナイアド　64歳でキューバからフロリダまで泳いで横断。
ランオルフ・ファイアンズ　65歳で心臓病と糖尿病を克服してエベレスト山に登頂。
ジョン・グレン　77歳で再び宇宙に滞在。
ドロシー・ダベンヒル　89歳で北極に到達。
グラディス・バリル　女性として最高齢の92歳でマラソンを完走。
ファウジャ・シン　世界最高齢の１００歳でマラソンを完走。

今度、自分の内なる声が「もう年をとりすぎている」と言ってきたら、再びこの項目を読んでほしい。締めくくりにイギリスの哲学者フランシス・ベーコンの名言を紹介しよう。

「私はけっして高齢者にはならない。なぜなら、私にとって、高齢とはつねに現在の年齢より15歳年上を意味するからだ」

98

今この瞬間をもっと楽しむ

今この瞬間をもっと楽しむことは非常に重要である。そうしないと、人生は知らないあいだに過ぎ去ってしまう。なぜなら、一つひとつの瞬間を大切にしていないからだ。

たとえば、こんなパターンがそうだ。働いているときは週末のことを考え、週末になると月曜日の仕事のことを考える。前菜を食べているときはデザートのことを考え、デザートを食べているときは前菜のことを考える。その結果、どちらも存分に楽しめなくなる。

こんなふうな生き方をしていると、今この瞬間を楽しむ機会を永遠に失ってしまう。

考えてみよう。今この瞬間を楽しめない理由があるだろうか。もしかすると、過去の行為に対する罪悪感や未来への不安を感じながら生きているのではないだろうか。

多くの人は変えることのできない過去の出来事やまだ起こっていない未来の出来事についてたえず心配しながら生きていて、今この瞬間を存分に楽しんでいない。

俳優のビル・コスビーは「過去は亡霊であり、未来は夢である。私たちには今この瞬間しかない」と言っている。まったくそのとおりだ。

過去のことを悔やんだり、未来のことを心配したりするのではなく、今この瞬間を大いに楽しもう。

Exercise

今この瞬間をもっと楽しむ工夫をしよう。
(私の友人のデイビッドは右の手首に腕時計をしている。時間を確認するために左の手首を見て、そこに腕時計がないことに気づくたびに、彼は今この瞬間をもっと楽しむように自分に言い聞かせている。)

今この瞬間は喜びと幸せであふれている。
気をつけてみれば、それが見えるはずだ。

ティック・ナット・ハン(ベトナムの僧侶)

99 不運を一時的なものとみなす

すべてのことは一時的な現象である。人生で経験するすべての勝利、敗北、喜び、悲しみはいずれ過ぎ去る。

今日、非常に重要に見えることでも、1カ月後や3カ月後にはもはや重要ではなくなっている。今日、災難のように見えることでも、3カ月後には素晴らしい学習経験になる可能性がある。

私は大学を卒業後、どの会社からも断られて9カ月も仕事がなかった。友人たちは私を哀れんだが、それだけでなく、私も自分を哀れんだ。しかし、これだけ断られたのだから、よりよいものが待っていると思うことにした。

最終的に、私はスペインのバルセロナで働くことになった。美しい海岸と多様な文化を持ち、快適な地中海性気候（1年のうち約300日が晴れている）に恵まれた世界最先端の創造都市の1つだ。

友人たちはそれを知って、私への態度を哀れみから羨望へと一変させた。具体的に言うと、それまでの「かわいそうなやつだ」が、たちまち「いい目をしやがって」に変わったのである。

人生をもっと気楽に考え、「不運なことはいずれ過ぎ去る」と信じて心を落ち着かせよう。イギリスの作家キプリングは「勝っておごらず、負けて腐らず、つねに平常心を保とう」とアドバイスしている。

自分がほしいものに意識を向け、ひたすら前進を続けよう。「どんなにつらいことでも、半年後にはそれについて笑えるようになる」という格言がある。

学生時代、私が試験前に徹夜して疲れ果てたとき、寮の友人が「半年後には今夜の経験について笑えるようになるさ」と言った。20年近くたっても私たちはいまだに当時を回想して笑っている。

ぜひこのテクニックを試してみよう。私に役立ったのと同じように、きっとあなたにも役立つはずだ。

100

今日から自分らしい生き方をする

多くの人はいくらでも時間があると思い込んで日々を過ごしている。

あなたはいつ新しいことを学び、したかったことをし、より多くの時間を家族と過ごすつもりだろうか？　明日か、今度の月曜か、宝くじに当選してからか、別の仕事に就いてからか、次のプロジェクトが終わってからか？

きっとあなたは「すぐにしなければならないことがたくさんあるから、今は時間がない」と反論するだろう。

しかし残念ながら、多くの人は人生の意味をよく理解せず、やっと気づいたときは死が迫っていて過去を悔やんでいるのが実情だ。

オーストラリアの看護師ブロニー・ウェアは多くの人を看取った経験をもとに、人びとに共通する5つの大きな後悔を指摘している。

・他人の思惑に左右されず、自分に正直に生きる勇気を持てばよかった。

・仕事ばかりするべきではなかった。

- 自分の気持ちを素直に表現する勇気を持てばよかった。
- 友人ともっとふれあいたかった。
- もっと幸せな人生を送りたかった。

もうこれ以上待ってはいけない。今日から思う存分に生きよう。失敗は学習経験にすぎず、問題は成長のための機会であることを思い出そう。ずっとしたかったことをしよう。これ以上それを先延ばしにしてはいけない。

ブラジルの作家パウロ・コエーリョは名著『アルケミスト』（角川文庫）の中でこう言っている。

「ある日、あなたは目を覚ますと、ずっとしたかったことをする時間がもうなくなっていることに気づくだろう。だから今すぐにそれをすべきだ」

毎日が目標に近づくチャンスをもたらす。そのチャンスを逃してはいけない。人生を変えるのに何カ月も何年もかからない。今日から段階を追って徐々に人生を変えていけばいいのだ。

さっそく自分らしい生き方を始めよう。子どもが独立してから、次のプロジェクトが終わってから、新車を入手してから、新居に引っ越してから、よりよい仕事に就いてからではなく、今日から自分らしく生きよう。

「時間がない」と言っておきながら、週に30時間もテレビを見、ビデオゲームをし、酒を飲んでいる人たちがあまりにも多いのが現状だ。

あなたはそういう人になってはいけない。

ずっとしたかったことを今日からしよう。

今、そのための計画を立てよう。

おわりに

アマゾンで電子書籍を自費出版してから、私はこんな素晴らしい展開になるとは思ってもみなかった。

成功の要因は、本書で紹介した原理にある。２０１３年に勤務先を首になったとき以来、私はその原理を実践してきた。

現在、ベストセラーの著者としてテレビやラジオ、ポッドキャストに頻繁に登場して話をし、自己啓発セミナーの講師をつとめ、ビジネススクールで心理学の教鞭《べん》をとり、小さな出版社を経営している。

プライベートでは、興味深い人たちと出会い、新しい友人をつくって人生を大いに楽しんでいる。

本書の原理は効果抜群だ。場合によっては時間がかかるかもしれないが、本来、成功とはそういうものである。すぐに成功できると説く人は、真実を語っていない。

たしかに成功には時間がかかるし、忍耐強さと粘り強さが必要だ。しかし、本書の原理を実践するなら、いずれ必ず成功する。

最初は少しずつ始めればいい。本書の中から気に入った項目を1つか2つ選んで、それを継続しよう。1年後、あなたは今日これを始めてよかったと思うに違いない。

それはあなた次第だ。

さっそく本書の原理を実践しよう。あきらめそうになったら、ゴールは間近であると自分に言い聞かせ、もうひとがんばりしよう。

あなたの成功と幸福を祈る。

マーク・レクラウ

習慣を変えれば人生が変わる

発行日 2017年7月15日 第1刷
2019年2月21日 第6刷

Author マーク・レクラウ
Translator 弓場隆
Book Designer krran(西垂水敦・坂川朱音)

Publication 株式会社ディスカヴァー・トゥエンティワン
〒102-0093 東京都千代田区平河町2-16-1 平河町森タワー11F
TEL 03-3237-8321(代表)03-3237-8345(営業)
FAX 03-3237-8323
http://www.d21.co.jp

Publisher 干場弓子
Editor 藤田浩芳
Marketing Group
Staff 清水達也 小田孝文 井筒浩 千葉潤子 飯田智樹 佐藤昌幸
谷口奈緒美 古矢薫 蛯原昇 安永智洋 鍋田匠伴 榊原僚
佐竹祐哉 廣内悠理 梅本翔太 田中姫菜 橋本莉奈 川島理
庄司知世 谷中卓 小木曽礼丈 越野志絵良 佐々木玲奈 高橋雛乃

Productive Group
Staff 千葉正幸 原典宏 林秀樹 三谷祐一 大山聡子 大竹朝子
堀部直人 林拓馬 松石悠 木下智尋 渡辺基志

Digital Group
Staff 松原史与志 中澤泰宏 西川なつか 伊東佑真 牧野類 倉田華
伊藤光太郎 高良彰子 佐藤淳基

Global & Public Relations Group
Staff 郭迪 田中亜紀 杉田彰子 奥田千晶 連苑如 施華琴

Operations & Accounting Group
Staff 山中麻吏 小関勝則 小田木もも 池田望 福永友紀

Assistant Staff 俵敬子 町田加奈子 丸山香織 井澤徳子 藤井多穂子 藤井かおり
葛目美枝子 伊藤香 鈴木洋子 石橋佐知子 伊藤由美 畑野衣見
井上竜之介 斎藤悠人 宮崎陽子 並木楓 三角真穂

Proofreader 株式会社鷗来堂
DTP アーティザンカンパニー株式会社
Printing 中央精版印刷株式会社